孩子為什麼這樣說？

내 아이의 말 습관

〈序言〉

你家孩子今天最常講的話是什麼？

孩子在說話，父母卻沒在聽

每當孩子一開口說話時，你就啞口無言了嗎？「不要！」、「我不要做那個！」、「我討厭媽媽！」、「我不要和爸爸玩！」、「走開！」……父母提議的事情，孩子都不喜歡，甚至會說出否定父母存在的言語。在聽到這番話後，我們總會忍不住怒氣沖天地質問孩子：「這些話你是從哪裡學來的？」

而從那時起，我們會開始尋找親子諮商所或教育機構，並且閱讀別人推薦的育兒書籍，然後開始熟記「父母如何跟孩子說話」的技巧。然而，很多書籍中的案例並不完全符合每個家庭的狀況。由於情況不吻合，我們便感到更加困惑，不知道該如何改善與孩子的對話。

我也是一樣。在養育第一個孩子時，我認真地按照教科書上的知識來執行，還自認為做得很好。因工作關係，我也四處進行家長教育和諮商，毫無保留地以專家的眼光給予其他父母諸多建議。然而，當我開始養育第二個孩子時，狀況完全轉變了。

「我不想去幼兒園！」五歲的老二從會講話開始，嘴裡總是掛著：「我要自己來！」、「我不要！」、「討厭這個！」每天都像在打仗。

面對一個脾氣難搞又敏感的孩子並非容易的事。我之前總是建議父母們，即便要花上許多時間，也要好好跟孩子溝通。但此時我卻超級希望自己的耳朵變得很遲鈍，這樣才可以對孩子的話充耳不聞。也許有很多父母下定決心要傾聽孩子的話，但面對孩子愛生氣、頑固又抓人話柄的言語時，還是會感到不知所措或發脾氣，然後又再次對孩子產生內疚感，想必大家都有過這樣的經驗。

然而，讓我們回想一下懷孕那段時期吧！孩子在母親肚子裡的十個月，我們與孩子進行了許多對話：「寶寶啊！我是爸爸！你聽得到爸爸的聲音對吧？」、「媽媽今天心情很好喔！」、「天氣快要變冷囉！」就像這樣，我們不斷地與孩子進行交流。此外，當孩子出生後，我們也會對他說：「原來你是尿尿了才不舒服啊！爸爸幫你換尿布吧！」、「我們的寶貝肚子餓了啊！媽媽現在趕快幫你泡ㄋㄟㄋㄟ喔！你等一下！」父母甚至能從孩子的哭聲中讀懂他們想要什麼，展現了驚人的能力。

但是，當孩子開始會叫「媽媽」、「爸爸」之後，神奇的事情便發生了。本來面對自己的孩子，擁有全世界最敏銳的耳朵來傾聽的父母，現在耳朵卻漸漸聽不清楚了。孩子逐漸長大，說話能力變好，也會開始表達自己的意願，但是父母讀懂孩子心思的驚人能力跑去哪裡了呢？孩子都開口說話了，為什麼父母反而關上耳朵，連對話也變得困難了？

事實上只需要稍微打開耳朵聆聽孩子的話，許多事情就會有所不同。

某天早晨，我家孩子不斷重複「我不喜歡！」、「我不要去！」，我停止勸他出門，反問他不想去幼兒園的原因。

「你為什麼不想去幼兒園？」

「幼兒園裡面沒有媽媽啊！」

聽到孩子這麼說，我就一陣鼻酸。

「原來你想和媽媽待在一起啊！媽媽也想和你待在一起。謝謝你這麼喜歡媽媽，媽媽也很喜歡你喔！」

「那媽媽為什麼要把我送到幼兒園？」

這就是孩子好奇的點。如果喜歡就該一直在一起，他不明白為何我要跟他分開。

「媽媽出門是為了去工作，雖然沒有跟你在一起，但媽媽愛你的心是永遠不會改變的！而且就算我們分開了，媽媽還是時時刻刻想著你喔！」

到了幼兒園門口，我和孩子分開之前，孩子對我說：

「我會一直想著媽媽，媽媽也要一直想我喔！」

到了放學時間，我去幼兒園接孩子，孩子對我說：

「媽媽～我今天一直想著你，媽媽你呢？」

「媽媽工作的時候也一直想著你啊！」

我不再只關注孩子單方面的話，甚至進一步向孩子提問，去聆聽他內心的聲音。我因此得以更深入地瞭解孩子，進而找到問題的線索。

在孩子常說的話裡藏著一切鑰匙

父母總是很忙碌，必須要上班、要做家務事，經常沒有閒暇看著孩子的臉好好說話。不知不覺中，真心誠意地對孩子說的話做出反應的父母消失了，父母只會注意孩子是否有聽清楚自己說的話。

現在，希望各位父母能夠重新專注於孩子的言語。關於孩子的資訊、想法和情緒，全都藏在孩子身上，應該將孩子經常說的話當成線索，從中探索他的內心世界。

「最近媽媽對你說了什麼話，讓你感到最開心？」

「我幫你做什麼的時候，你會覺得很珍貴？」

「爸爸做什麼事時，你會感受到幸福？」

每個孩子的性情都不一樣，想要的東西也不同，因此根據情況的差異，我們會聽到不同的回答。有些孩子的心靈需要被充分理解，有些孩子只要父母願意認真聽自己講話就感到滿足了。

「爸爸為你做什麼的時候，你會感受到自己被愛著呢？」

「爸爸抱我的時候！」

「媽媽～朋友推我、害我跌倒，手掌也受傷了，這裡要貼OK繃。我討厭他。」

「你應該很難過吧！我看看哪裡受傷了，會痛嗎？媽媽要怎麼幫你呢？」

「不用幫我沒關係。只要貼個OK繃就好了。」

我們在聽孩子講話時，偶爾會對孩子特有的表達方式感到驚訝。「他根本是天才吧！怎麼能說出這樣的話呢？」才剛開始學習說話的孩子，他們的言語最為純真且出於本能，只有在幼兒時期才能聽到那樣的表達方式。然而，未來當孩子越發社會化，孩子專屬的獨特感也會逐漸消失。這也是為什麼我們應該更加珍惜並傾聽孩子說話的理由。我在和孩子交談時，也會將特別想留在記憶中的言語記錄下來。

現在請父母們將耳朵打開，讓孩子可以主動開口說話吧！沒有人比父母更瞭解自己的孩子。當我們從「學習父母該說什麼話」轉變為「學習聽懂孩子的話」時，我們便能夠擁有無與倫比的幸福育兒經驗。

如果父母總是用心聆聽孩子言語中所隱含的心聲，即使與長大後的青春期孩子產生意見衝突，依然能夠與孩子建立良好的溝通。當孩子說出「媽媽你根本不懂我，不要再亂關心了！我說過我會自己處理啦！」這樣的話時，實際上孩子內心所蘊含的是「媽媽有在好好聽我說話嗎？為什麼媽媽只顧著講自己想講的話？」的情感。

當然，「聆聽孩子的話」也需要訓練。生活在這個繁忙的時代，父母可能會期望孩子能夠立即理解自己的期望與需求，這也是理所當然的。然而，育兒的問題無法立刻解決，而是需要投注時間和心力，與孩子建立長久的關係。就像培養一株植物，等它結出果實需要長時間的耐心和努力一樣，我們的孩子也不例外。

我家老大最近一直抱怨自己因為老二壓力很大。在睡前，我抱著老大，對他說：「你因為弟弟而壓力很大、很多時候也需要忍耐，所以很辛苦吧？」

孩子抱著我回答：「媽媽，謝謝你這麼說。」

每個孩子都有一些常用的語句。由於孩子總是一遍又一遍地說著這些話，我們可能會忽視，或試圖改變孩子並責備他們。但實際上，孩子的說話習慣會成為我們理解子女的教養關鍵。

為了更有效地聆聽和回應孩子的話語，本書將孩子經常使用的說話習慣分為六種類型：不安、探索、趣味、主導、愛、情緒化，並搭配孩子的發展時期和個性特質，解析孩子說出這些話的可能原因。而本書的理論基礎來自「九型人格學Enneagram」，它是基於人類需求將性格分為九種類型的一種個性心理學理論。

然而，請大家牢記，有些孩子更傾向透過行為來展現自己的個性特質，而不是透過言語。這六種類型只是一種更好地理解孩子的參考，並不是提供父母分類或歸類孩子的標準。面對滔滔不絕地說話的孩子，在孩子的言語海洋中感到頭暈目眩的父母，希望這本書能成為您們親切的指南。

在當今充斥著父母和專家言論的時代，正是我們最需要研究自己孩子說話習慣的時刻。希望本書能幫助您更關注孩子的說話方式，而不是只關注父母應該說什麼話。

前情提要

・書中提到的孩子年齡皆以實際年齡為單位。
・為了有效傳達本書的內容，書中統一使用「父母、媽媽、爸爸」等稱呼，但內容適用於所有主要撫養者。

正向溝通測驗

這是由20個問題組成的正向溝通問卷。其中有15個正向問題和5個負向問題（11、12、13、14、15），負向問題需轉換成負分，得分越高表示進行了更多正向溝通，現在讓我們檢視自己的溝通得分是多少。建議可以在閱讀完本書或在養育孩子的過程中定期測驗。

	題目	①完全不同意	②不同意	③普通	④同意	⑤非常同意
1	我會用各種方式幫助孩子表達他想說的話。					
2	我跟孩子說完話後，一定會聆聽孩子的回答。					
3	即使孩子的意見和我不同，我也不會打斷他講話，而是會完整地聽完孩子的觀點。					
4	孩子會很高興地跟我分享在幼兒園或在家中發生的事情。					
5	我努力讓孩子在交談過程中感受到我真的很愛他。					
6	我盡可能努力和孩子多多聊天。					
7	我和孩子談話時感到輕鬆愉快。					
8	只要有想對孩子說的話，我都會自由地說出來。					

9	我總是尊重孩子的意見，無條件相信孩子講的話。					
10	就算孩子講出對我的不滿，我依然會好好聆聽孩子講話。					
11	比起孩子做得好的事情，我更常提到孩子做不好的事情。					
12	如果孩子不贊成我的意見，我就會嘀嘀咕咕且發脾氣。					
13	當我的想法和孩子不同時，如果我認為自己是對的，我就會堅持到底。					
14	無論是什麼事情，都要由我做出決定，然後讓孩子遵從我的意思。					
15	我在和孩子聊天時，主要都是我在說話。					
16	跟孩子意見不合或有爭吵時，彼此會稍微退讓妥協。					
17	在跟孩子聊天時，我知道孩子想表達什麼。					
18	在做跟孩子有關的重要決定時，我會跟孩子一起討論。					
19	就算我沒有說出口，孩子也知道我的情緒。					
20	我會等待孩子自己找出問題點。					

出處：霍華德・巴恩斯Howard L. Barnes和戴維・奧爾森David H. Olson開發的「父母與子女之間的溝通標準Parent-Adolescent Communication Scale (PACS)」（1982年）。由金允熙改編成測驗（1989年），李明蘭再將其修改、補充製成開放性的溝通類型。

目錄

PART 04

孩子為什麼說出主導性的言語？

以「認同傾聽法」為原則，發展孩子的自我調節能力

PART 05

孩子為什麼說出愛的言語？

以「溫暖傾聽法」為原則，建立孩子健康的自尊心

PART 06 孩子為什麼說出情緒化的言語？

以「尊重傾聽法」為原則，培養孩子的同理能力

PART

01

孩子為什麼說出不安的言語？

以「確信傾聽法」為原則累積孩子的信任感

不熟練的言語中蘊藏著孩子真實的內心

「如果不先問爸爸，自己就隨意去做，後來出了問題該怎麼辦？我好擔心。」

「我想表現給爸爸媽媽看。」

「我覺得要先問媽媽，我的心情和媽媽的心情才會感到輕鬆。」

孩子們在傳播媒體上看到有人死亡，或是聽到認識的人去世的消息後，可能會詢問說：「爸爸媽媽也會死掉嗎？」即使孩子已經整理好書包，準備要去幼兒園了，他們仍然可能會不斷地問：「我這樣做可以嗎？」想要確保每一步都是正確的。孩子們會記得之前跟爸爸媽媽約定好的事情，並且堅持地詢問：「爸爸說好要送我的玩具，什麼時候才會給我？」即將迎接新學期，孩子可能會憂心忡忡地說：「如果沒有人跟我玩要怎麼辦？」

雖然詢問的內容各不相同，但提出這些問題的孩子都有個共通點，那就是他們經常感到焦慮且內心渴望安全感。當他們不確定自己是否安全時，他們會產生恐懼而希望得到引導。這時候只要給他們一個明確的框架或規則，他們就能感受到安心。

經常使用焦慮言語提問的孩子通常非常認真，喜歡做好充足的準備、謹慎三思後再做決定。他們會仔細地計劃未來，喜歡有條理地安排事情。他們想要使用冷靜且清晰的言語來確認他人的觀點，也想要認真遵守與父母和朋友之間的約定。他們負責任的態度使他們贏得了身邊人的信任，同時也使他們自覺是一個認真負責的人。

然而，凡事都有一體兩面，這些孩子可能會有過多不必要的擔心，並且難以做出決定。他們會反覆詢問他人的想法和意見，而且在做決定時，通常喜歡遵守家庭和社會的規則。他們希望能夠掌控情況，所以喜歡穩定，對於嘗試新事物則會感到害怕。

孩子之所以會不斷提問，是因為他們的內心感到焦慮。為了減少不安感，他們會事先做好萬全的準備，或者會先確認自己的行為是否正確再執行。這種確認的動作可以讓他們感受到安心和平靜。英國發展心理學家凱瑟琳・班罕Katharine Banham認為焦慮在嬰兒出生滿六個月之前就會開始形成。根據她的觀點，新生兒在出生時情緒興奮，以「出生滿六個月」為基準，在那之前會形成焦慮感受，在那之後則會分化出恐懼的情緒。到嬰兒出生滿十二個月為止，他們在聽到巨大聲響或與父母分離時，會本能性地感到害怕、畏縮，這是因為感受到生存危機的緣故。這般的分離焦慮最常出現在嬰兒十四至十八個月大時，之後就會慢慢減少。

在一至四歲時，孩子們會擔心在黑暗中看見怪物或鬼魂而拒絕入睡，想要一直保持清醒，這種狀況很常見。在五歲時，他們可能會害怕受到身體上的威脅，或者害怕如閃電、雷聲、洪水等自然現象，產生焦慮的對象變得更加符合現實。隨著身心持續發育，孩子們感到擔心和焦慮的事物也會有所變化。雖說每個孩子的情況不盡相同，但在面對攸關自身生存的事情時，會感到焦慮是極其正常的，這是屬於發育過程中的一部分。

當孩子們試圖克服某種威脅或困難時，他們會經歷緊張、焦慮、擔心和恐懼等情緒。適度的焦慮可以幫助孩子提高對危險的警覺性。然而，如果焦慮的程度過高，或者焦慮的時間過長，可能會導致自律神經系統的變化或失衡。換句話說，過度的焦慮可能會使人對於日常生活做出不切實際或負面的預測，也可能會造成認知失調。此外，他們可能會很依賴父母、無法表明自己的主見或經常展現出畏縮的模樣。生理上也可能會出現肌肉緊繃、頭暈、頭痛、腹痛等身體症狀。

我們可以用信心安慰焦慮的孩子。儘管焦慮和信心都是肉眼不可見的情感，但它們之間有著關鍵區別。焦慮是一種看不見實體的茫然情緒，而信心雖然同樣無法用肉眼看見，但我們卻可以像對待實體一樣看待信心。舉例來說：在父母的眼中，雖然此刻孩子只是一粒微小的種子，但他們深信這顆種子將來會長成芬芳的花朵或是茁壯的樹木，這就是擁有明確的信賴。父母相信在孩子的身上藏著天賦和寶藏，並看到他們的潛力和可能性，這樣的觀點極具價值。

閱讀本書的讀者們，肯定都對於自己的孩子抱持著某種信念。在尋解導向的諮商模式中，我們也會假定每位父母都對孩子持有以下信念。

我們對孩子的信念

—成為令父母感到驕傲的人。
—想要帶給父母和其他長輩歡樂。
—渴望學習新的事物。
—想要熟練新技能和累積知識。
—擁有選擇的權利，並想要自己做出選擇。
—希望能被社會接納，成為社會的一份子。
—想要與他人一同活動並且共同成長。
—在機會來臨時，渴望表達自己的觀點並做出選擇。

在諮商的現場可以看見，當父母願意去相信並等待孩子時，即使孩子徘徊不定，他們依然會回到父母的懷抱。對於孩子而言，有一個願意相信自己的人是很重要的，也就是「父母愛我」的信任感。這份信任感是即使我犯錯，也會被接納；感到困難時，他們依然會伸出手拉我一把。

父母應該相信孩子內在的力量，相信他們有克服困難的能力。我們越是相信孩子，孩子就越能慢慢改變，自行找到答案並成長。此外，無論遇到何種情況，我們都要選擇信任，這等於是選擇肯定的言語和堅定的想法，而非選擇否定的言語和懷疑的想法。當然，這需要許多的耐心和長時間的等待才能實現，所以並不容易。

「我相信你，你會做得很好的。」
「犯錯也沒關係，這本來就很難。」
「無論何時，爸媽都在這裡等你。」

父母明確的態度可以止住孩子的焦慮。即使孩子無法相信自己而過度準備或提問，父母只要心裡明白這是孩子為了減輕不安而出現的舉動，就可以忍耐和等待。當父母與孩子保持親密的溝通，信任和鼓勵孩子，如此建立起堅固的信任關係時，孩子將擁有「這個世界是值得生活和信任」的信念。

相反地，在教養過程中，如果父母態度不一，或者未能滿足孩子的基本需求，將會導致孩子無法全然信任父母，也會產生焦慮感。著名的發展心理學家愛利克・霍姆伯格・艾瑞克森Erik Homburger Erikson將人的發展分為八個階段，並將第一階段稱為「信任與不信任」的階段，強調信任是最重要和基本的美德。當我們從重要之人身上獲得需求滿足時，就會建立起信任感，也能為塑造出健康的個性奠定基礎。

信任關係對於塑造孩子的思想、經驗和行為具有至關重要的影響，因此信任的建立非常關鍵。在本章中，我們將深入研究經常使用不安言語的孩子的內心世界，並探討在每個案例中，應該使用哪些方法來建立更牢固的關係，並積極累積信任感。

媽媽也會死掉嗎？

——擔心父母會消失的孩子

生活不免會接觸到死亡。當孩子透過看新聞、聽到大人在討論有熟人或親戚過世的消息，或者經過墳墓而得知有死亡這件事，然後某一天，他們會突然提出類似下述的疑問：

「媽咪！我看了漫畫，有個小孩說自己的媽媽去世而不在人間了。媽咪你也會死掉嗎？」

有一位來諮詢的母親不曉得該如何對孩子說明死亡，就很坦白地對孩子說：「媽媽總有一天也會死掉。」結果那孩子竟然爆哭一場。當孩子詢問到關於死亡的問題時，大人們有可能會瞬間不知道該怎麼回答而感到為難。

在我懷上老二的第八個月時發生了一件事。我將老大送到幼兒園時，他卻說不要進去。那麼，孩子是不是希望我在旁邊繼續看著他玩耍呢？與其硬把孩子送進幼兒園，我決定在遊樂場稍微和孩子玩一下，並詢問他為什麼今天不想進去。那時孩子回答說：

「如果我不在的時候，媽媽在路上摔倒流血了怎麼辦？我很擔心媽媽。」

原來是因為看到媽媽的肚子越來越大，行走也變得困難，孩子內心感到擔憂，害怕媽媽會發生意外而突然消失，所以才猶豫不決、不想進去幼兒園。

儘管當時是寒冷的冬天，我依然在遊樂場與孩子聊了很久。當孩子詢問我：「媽媽，你去醫院不會死掉吧？」我回答了他以下的內容：

「原來你很害怕媽媽會突然消失啊！看到你這麼擔心媽媽，媽媽深深感受到你很愛我。沒錯！媽媽即將去生小寶寶了，也許我們會暫時分開一段時間，但媽媽非常健康喔！就算要去醫院，我也會提前告訴你的。等弟弟出生後，你可以來醫院探望媽媽，媽媽當初也是健康地生下了你，弟弟也會跟你一樣很健康地出生。就像媽媽昨天和今天跟你玩耍一樣，媽媽以後也會陪你玩耍、繼續照顧你喔！」

害怕死亡的孩子的內心世界

坦白說，即使是大人也很難以輕鬆的心情回答關於死亡的提問。不僅是小孩，大人也對死亡感到害怕和擔憂，因此當孩子提出關於死亡的問題時，有些父母只好迴避或者指責孩子為何提出這種問題。

然而，孩子提出關於死亡的問題時，背後可能包含著對父母或其他家人的擔憂，也希望父母們能夠一直活著且陪伴他們。孩子們甚至會認為，其他人死掉沒關係，只要自己的父母活著就好了。

希望爸爸媽媽能一直陪在我身邊。
我想要一直跟爸爸媽媽在一起，就像現在這樣。
如果以後不能在一起，我會感到非常難過。

「人人都會死。媽媽有一天也會死去。為什麼你要問這樣的問題？這不是我們該討論的。」若用這種方式回答孩子，企圖中斷對話，並不能讓孩子的不安情緒得到緩解。即使輕描淡寫地回答：「別說無謂的話了，去玩玩具或去房間讀書。反正爸爸媽媽不會死的啦！」這樣敷衍的回應是絕對無法減輕孩子的擔憂和傷感。

幫助孩子理解死亡的方法

孩子長得越大，會提出越加成熟的問題。無論在何種情況下，誠實地說出事實都比說謊或避而不談更好。孩子願意開口詢問父母敏感的問題，這本身是個很棒的徵兆。在這種情況下，父母應該坦誠地回答，以建立起與孩子之間的信任感。如果孩子提出的是父母未曾考慮過的問題，父母可以先向孩子承諾會確認答案後再回覆。

當孩子問關於死亡的問題時，有一些極具價值的研究結果可供參考。匈牙利心理學家瑪麗亞・納吉Maria H. Nagy為了瞭解孩童對死亡的認知，觀察了大約四百名在第二次世界大戰中生存下來的匈牙利兒童。她發現，兒童對死亡的認知在三至十歲之間，會經歷以下的階段逐步發展：

首先，在三至五歲的第一階段，兒童將死亡視為生命的延續，認為死者還活著，只是處於一種像睡眠般的不活躍狀態。他們認為死亡是一種暫時的狀態，隨時可以重生，也是可避免的。

然後，當兒童來到五至九歲的第二階段，兒童會認知到死亡是無法挽回的，但他們仍然不覺得死亡是無法避免的，也不會將死亡連結到自己身上。

最後，在九至十歲的第三階段，兒童認知到「每個人都會面臨死亡」的事實，並且進一步地認知到死亡並非因暴力行為或犯錯而發生，而是正常生命週期的一部分。

就像這樣，兒童隨著年齡變化會逐漸轉變對死亡的看法，父母若能夠理解這一點，將能更好地應對孩子對於死亡的提問。

一般情況下，可以使用下列方法來幫助那些擔心父母死掉的孩子。

第一，詢問孩子對於死亡產生什麼樣的情緒和想法。

當孩子開始接觸死亡的概念，可以試著跟他談論死亡。特別是有些孩子會透過媒體、遊戲等途徑錯誤地理解死亡，並按照自己的方式詮釋，甚至會感到悲傷，或者因擔心爸爸媽媽死掉而失眠。因此，建議父母不要忌諱與孩子談論關於死亡的話題。

「如果爸爸媽媽死掉了，你會產生什麼想法？」

「如果你們死掉了，我會受不了。我應該會很後悔沒有對你們再更好一點。」

「只要你好好地對待爸爸媽媽，就不會後悔了。我們會在你身邊待很久很久，就像現在照顧你一樣，等你長大成人了，也會換你幫助爸爸媽媽的。」

第二，用對今日的感恩來解開死亡的恐懼。

可以將死亡的話題轉個方向，讓孩子對於今天能夠與父母一起生活產生感謝的心，藉此紓解孩子的情緒。與孩子談論死亡相關話題的同時，也是一個跟孩子分享家庭的珍貴和每天感恩之重要性的好機會。

「原來你有這樣的想法啊！雖然重要的人過世會感到非常難過，但今天我們都還活著，可以像這樣面對面交談，這有多麼值得感激呢？我們要好好照顧自己的健康，這樣就能夠陪伴彼此很久。媽媽最近也很努力運動喔！」

夢中出現了可怕的巫婆
——害怕入睡的孩子

「我的孩子五歲了，他最近一直做一些可怕的夢，夢到車禍、房子倒塌、被車撞……他最近的生活很正常，也沒有看過刺激的影片，但不知道為什麼會這樣。不曉得他的內心是不是很焦慮，我好擔心，不知道該怎麼幫助他才好。」

年幼的孩子在成長過程中，即使沒有看過刺激的影片或發生相關事件，依然有可能夢到可怕的夢。情況嚴重時，他們甚至會每天都夢到與生存或人身安全有關的惡夢，因此孩子醒來後，有可能會抗拒再次入睡。大多數情況下，隨著時間流逝，這些狀況就會逐漸好轉，這在孩子的成長過程中是非常自然的現象。

我也曾經有過類似的育兒經驗。有一次在哄我家五歲的老二入睡，結果我自己卻不知不覺睡著了，還未睡著的小寶貝就爬到我身上，輕輕地搖醒了我。為了讓這個常常要超過凌晨一點才願意入睡的孩子早點休息，我也嘗試過早些時間讓他上床，或是讓他在白天盡可能消耗能量，甚至用泡澡的方式來幫助他放鬆，但成效並不顯著。後來有一天，我決定詢問這個不容易入睡的小孩。

「你為什麼不肯睡覺，一直翻來覆去？」

「我怕做惡夢，所以才一直睜開眼睛。」

害怕睡著的孩子的內心世界

如果沒有主動詢問孩子，或許我永遠不會知道孩子是因為不想做惡夢才抗拒入睡。雖然有些孩子會主動告訴父母他們做了可怕的夢，但也有些孩子在被父母詢問之前不會輕易吐露心聲。孩子不願早早入睡的原因很多，因此直接問他們為何不睡覺是一個很好的方法。孩子睡不著，還爬到我這個母親身上翻來覆去，事實上他們正在用無聲的方式傳達需求：

我害怕到不敢睡覺。
雖然現在媽媽在我身邊，但媽媽不會出現在我夢裡啊！
我很難入睡，請幫我找到能安心睡著的方法。

當孩子表示自己做了惡夢時，父母常常傾向於快速轉移話題，試圖讓孩子感到安心，而不是細心詢問孩子當下的情緒。

「那只是一個夢罷了！那不是現實啦！現實中不會發生這種事。」

然而，建議父母要與孩子充分交流，深入瞭解孩子的情緒。我們需要細聽孩子所感受到的害怕和恐懼，並表達出同理心。當孩子能夠完整地與父母分享自己的可怕夢境時，孩子會信賴父母的話，也會感受到父母始終陪伴在身邊的可靠感。

「從公寓掉下來，一定非常驚嚇又害怕吧！如果爸爸做了這麼可怕的夢，一定也會很驚恐！」

「媽媽小時候，只要打雷聲很大，就會很害怕。在那種時候，我都會躲進被子裡，或者躲進外婆的懷抱裡。」

幫助孩子安穩入睡的方法

當孩子因害怕做惡夢而難以入睡時，我們該如何協助他們呢？

第一，透過對話幫助孩子選擇最適合自己的入睡方式。

按照孩子期盼的方式來哄睡，有助於安撫他們的內心。假如孩子年紀還太小，我們可以列出平時常用的哄睡方法，讓孩子選擇。這麼一來，孩子就會直接告訴父母，什麼樣的方式可以讓他們感到最安心，他們甚至有可能會拜託父母唱首搖籃曲。

「爸爸要怎麼幫助你，你才可以安心入睡呢？要我握住你的手嗎？唱首搖籃曲給你聽？還是輕輕按摩你的腿？輕拍你呢？」

「爸爸一隻手握著我，一隻手輕拍我，然後唱首搖籃曲給我聽吧！」

第二，讓孩子親自確認，害怕的事物在現實世界中並不存在。

我們家的孩子特別害怕巫婆，他一直相信我們家裡住著一位巫婆。

在睡覺前，我便把被子掀起來，對著孩子說：「我們一起來確認看看有沒有巫婆存在吧！」然後抱著孩子，繞了家裡一圈，檢查了門的後方、每個角落和抽屜，讓孩子親眼確認家裡根本沒有巫婆之後，孩子才終於感到安心。

第三，成為出現在孩子夢中的父母。

「媽媽，我如果睡著後做很可怕的夢，我該怎麼辦？」

「媽媽會一直陪在你身旁！媽媽會進入你的夢境，幫你對付敵人。」

「媽媽又沒辦法進入我的夢中！媽媽怎麼可能進入我的腦袋裡！」

這是我家老二的回答，很符合他的風格。如果是我家老大聽到「媽媽會出現在夢中」，可能會非常高興。每個孩子的性格不同，但我們都必須為孩子灌輸自信。

「你剛剛看到了吧？巫婆不存在現實生活中，但她還是出現在夢裡了嘛！媽媽會陪在你身邊，你在夢中想起媽媽時，媽媽就會出現。媽媽會在你害怕的時候，陪在你身旁，還會幫你打倒巫婆喔！」

我的包包都準備好了！

——總是做好萬全準備的孩子

「我那七歲的孩子不論什麼事情都能自己打理得很好。我們並沒有特別教過他，他卻能自己靈活處理。像是出去旅行時，他會自己準備內衣褲和衣物，並打包好行李，還會說：『我準備好自己的東西了，媽媽不用費心。』」

大人對於孩子能自主打理事情感到很驚訝。孩子才七歲，卻能自己削好四支鉛筆，放進筆袋，還找到姓名貼紙，拿來貼在所有的文具上，細心地確認書包裡有無東西遺漏。如果父母的準備不夠周全，還會發生孩子反過來要求父母的情況。

需要細心教導如何整理書包的孩子滿街都是，有些孩子卻精明到無可挑剔的地步。能夠培養出這樣孩子的父母，想必會讓其他家長欣羨不已，也會常被請教養育經驗，因為在養育孩子的過程中，他們似乎不需要特別傷腦筋。

習慣做好周全準備的孩子，讓人感覺在學業方面會表現得很出色；無法顧好自己東西的孩子，則讓人感覺比較不會讀書。然而，學習能力和準備能力是完全不同的領域。有些粗心大意的孩子在學業方面表現得很優秀；有些孩子雖然認真、精明又細心地照顧自己的物品，但卻在學業方面遇到困難。

當然，通常會認真地做好準備的孩子，也會盡到學生的本分努力學習，乖乖遵循計劃表的安排。然而，不需要將打理東西的能力和學習能力連結在一起，只要將其視為個性的差異即可。

準備周全的孩子的內心世界

那些習慣提前做好準備的孩子，不僅會為自己準備好物品，還會照顧到其他朋友的需求。如果他們認為「在學校可能會需要這個東西」，他們就會想要連同學的份一併準備好。

「有可能會下雨，我得把傘放進書包裡；今天或許會用到針線，連同剪刀一起帶去吧；橡皮擦可能會用完，要多帶一點……啊！應該要有兩支尺才行啊！對了！也需要帶上彩色筆。」即使是很少會使用到的東西，如果之前有過忘了帶而感到不便的經驗，他們就會更加細心地準備，甚至會多準備一些，以備朋友的不時之需。

總是將物品準備周全的孩子，從他們的行為其實反映出了心中的焦慮和對於安定感的渴求。

我的東西我自己會確認，誰也不能信任。父母可能無法全方面照顧到我，所以必須由我自己來確認。如果沒有準備周全，老師會不開心。這麼一來，我可能會被罵。

這樣的孩子不會錯過該做的事情，必須親自執行才會感受到安定感。他們渴望表現良好，希望自己能徹底做好準備，不會造成老師和朋友們的困擾。

幫助孩子增強安心感的方法

凡事都提前做好準備的孩子，通常很細心又精明幹練。然而，從另一個角度來看，如果他們未能確認是否準備妥當，就可能感受到壓力。在上學前一小時內未檢查該準備的物品或書包，他們會感到不安。即使到了學校，他們也會在休息時間查看書包、隨時檢查物品，否則會難以安心。

萬一孩子謹慎過頭了，就需要給予協助。具有這種特點的孩子們，通常在旅行或參加趣味活動時會過於專注該準備的事項，反而容易錯過其他有趣的事情，並表現出緊張的樣子。為了減輕焦慮，孩子也可能會重複做出特定的行為，例如頻繁洗手、按順序觸摸特定部位、數數字、不斷整理或收集東西等等。若孩子出現這些行為，就需要進一步予以關注。

面對這些準備周全的孩子，在養育時有一個關鍵要素是「讓孩子感到安心」。孩子主動準備好東西時，除了稱讚之外，父母也可以製作檢查清單，幫孩子一起核對，這樣孩子就會感到放心。對於控制欲強烈的孩子，則可以採取下列方法給予協助。

第一，讓他們一次只執行一兩個任務。

當孩子想將事情做好時，就容易變得緊張，而且一旦事情難以達成，他們會認為是自己能力不足。特別是遇到焦慮程度較為嚴重的孩子時，由於他們每件事情都全心投入，建議不要一次給予過多的挑戰，讓他們專注地實行一兩項任務更為合適。

第二，比起預習，鼓勵孩子多多複習。

善於規劃的孩子思維邏輯清晰且有系統，所以他們上課時會很專注，也很細心整理筆記。比起學習新知識，他們更喜歡重複加深已知的資訊，因此鼓勵孩子進行複習會比預習更有效果。

第三，與其指責失誤，不如鼓勵新的嘗試。

這些孩子容易因小錯誤而感到畏縮，一旦受到批評或指責，他們會長時間將自己的失誤放在心上，甚至可能會認為「反正終究會失敗，不如乾脆什麼都別做」，而對於新挑戰感到卻步。因此，鼓勵孩子多多嘗試並告訴他們「就算失誤也無妨」，這一點非常重要。

第四，給予時間並等待他們準備好。

當環境產生變化，例如搬家或轉學時，孩子需要一些時間來適應新環境是很正常的。如果孩子覺得站在許多人面前說話很不自在，可以鼓勵他們透過事前排練來充分準備。就算他們不喜歡引起注意，但只要表達能力有所提升，他們就能夠適當地表達自己的想法，並感到安心。

★幫助孩子自主完成事情的方法★

有些小孩即便已經成為小學生，依然無法妥善備好自己的物品。在這樣的情況下，家長可能會責備孩子。然而，孩子連自己的東西放在哪裡都記不清楚了，單方面期望孩子反省和下定決心改變並無法真正解決問題。我們可以透過以下五個步驟，逐步幫助他們改善。

第一階段：檢查學校通知單，確認作業和準備物品

為了讓孩子意識到主動將東西準備周全的必要性，可以向孩子拋出一些問題，例如：

「如果沒有把東西準備好，去學校會發生什麼事呢？」

「如果沒有把東西準備好，需要跟同學借，狀況會如何呢？」

第二階段：訂下做作業的時間和整理書包的時間

與其一味地下指令，不如給予孩子自主思考的機會。

「你覺得為什麼要自己做作業或整理書包呢？」

第三階段：設定事情的先後順序並進行分類

不要一口氣提出多個任務，而是將需要完成的事情拆解，讓孩子按照順序逐步進行。

—今天即刻需要完成的任務
—需要在期限內分階段完成的任務
—距離截止時間還很充裕的任務

第四階段：激勵孩子主動完成任務

孩子可能不太瞭解為什麼需要自己主動將東西準備齊全，所以要讓孩子意識到主動去做的必要性。

「如果自己沒有主動去做，會發生什麼情況？」
「會帶來什麼不便呢？」
「可能會帶給朋友或其他人什麼困擾呢？」

第五階段：如果缺乏動力，就讓孩子親身體驗一兩次不便的情況

父母不應因為擔心就替孩子打開書包、檢查通知單並準備物品，讓孩子自己承擔未主動準備所帶來的後果是更好的方式。

根據心理學家尚・皮亞傑Jean Piaget的認知發展理論，孩子會在十一歲時進入形式運算階段，具備以邏輯和體系方式解決問題的能力。換句話說，大約在小學四年級，孩子已經具備獨立準備自己所需物品的能力。這一系列的能力被統稱為「執行能力」，執行能力屬於短期記憶力的一種，需要同時處理多個任務。當然，這並不意味著我們得等到孩子進入小學四年級才開始培養這種能力。不過，為了讓孩子完成「準備物品」這一項任務，我們需要先幫助孩子制定計劃，使他逐步完成。

不可以因為孩子無法獨立備齊物品就責怪他們，也不必自責地認為是因為父母沒有盡到責任孩子才會做不到。只要從現在開始，父母扮演好訓練的角色，讓孩子學會從小東西開始準備就行了。孩子在年紀尚小時犯錯，大家都會理解且不予計較；如果反覆犯下同樣的失誤，甚至當年紀變大後依然持續犯錯，這樣對於應該具備自尊心和成就感的學齡期孩子，可能會產生負面影響。在年幼時，讓孩子擁有犯錯後依然不斷努力做到的成功經驗至關重要，在這個過程中，父母要扮演不吝嗇讚美和鼓勵的角色，幫助孩子自己去達成任務。

下列為幾項可以幫助孩子自主完成任務的技巧：

讓孩子參與家事以具備責任感

整理床鋪、分類垃圾、收拾亂丟的玩具

鼓勵孩子自主學習	制定檢查清單，讓孩子練習逐一檢查該做的事情和需要帶的物品
讓孩子有系統且反覆地執行任務	不要一次給孩子太多不同的任務，等某一項任務熟練後，再以每週多一項或每月多一項的頻率，逐步增加需要完成的事情

難以按照計劃順利進行是正常的現象，因為孩子仍在訓練當中。不應該因此責備孩子說：「你怎麼會這樣？」這樣孩子可能會很難過，也會導致自尊心下降。建議可以使用以下方式來鼓勵他們：

「沒有人天生就能將每件事情做得很好。犯錯或事情不太順利時，只要透過多次的練習和努力就會有所進步。就算一開始表現不佳，只要堅持不懈地反覆努力，就會驚訝地發現自己變得超級熟練。」

「沒有辦法從一開始就將每件事情都做得很好。每長大一歲就會遇到新的事情需要學習，該獨自完成的事情也會變多，所以這是一個很好的機會，讓我們開始練習如何好好管理自己的東西。」

交不到朋友怎麼辦？
——新學期前夕感到焦慮的孩子

「我家孩子當初去幼兒園時花了不少時間適應，真的很辛苦。在即將進入小學的前夕，孩子總是在睡前問我：『新學校是不是一個好地方？』、『老師是什麼樣的人？』、『如果交不到朋友該怎麼辦？』她煩惱到甚至失眠，或是睡到一半在凌晨驚醒。我該怎麼幫助她適應學校生活呢？」

對於新環境的適應力，每個孩子都有所不同，但許多孩子都會因此感到壓力。事實上，不管是大人或小孩，只要面對人際關係都會產生擔憂。在一個陌生的地方，遵守陌生的規則，並與二十位以上的陌生朋友相處……一想到新學校，就令人期待又緊張。近兩年由於COVID-19新冠疫情，很多人都戴著口罩、只露出眼睛，要在這樣的狀態下與新的老師和同學見面，孩子的焦慮感可能會增加許多。

環境的變化，再加上與親近的朋友分開，必須結交新的朋友，這本身就是壓力。對於極度怕生的孩子而言，建立同儕關係就如同艱難的作業，他們可能也會因為要與父母長時間分離而產生不安。新學期開始後，有許多孩子會因為無法融入他們感興趣的群體而感到難過。如果沒有融入群體之中，那麼在吃飯或做分組作業等時刻，就可能會感到孤單或鬱悶。因此，孩子才會一再向父母詢問、確認。

擔心新環境的孩子的內心世界

孩子之所以擔心交不到朋友，可能有各種原因，其中最主要可以分為以下三種：第一，他們希望表現出色；第二，他們可能害羞且不善交際；第三，他們可能曾經有過辛苦的同儕關係經驗。基於這些原因，孩子可能會經歷焦慮、緊張、恐懼、憂鬱等心理困境，甚至會出現腹痛、頭痛等生理症狀。

> 我得好好聽老師的話，想和同學們相處融洽，想要表現出色，卻又擔心犯錯。在新環境中要一直察言觀色，也很容易緊張，導致我的胃好痛、頭也好痛。我好害怕去學校，甚至會不自覺地流淚，開始產生不想去學校的念頭。

幫助適應不良的孩子的方法

如果只是對孩子說「別擔心啦！你一定可以交到朋友的。」這類充滿勇氣和鼓勵的言語，並不足以緩解孩子的擔憂或改善他們的焦慮感，孩子需要的是更細心的關懷以及具體的幫助。

第一，如果孩子的擔憂和焦慮程度較高，陪他提前練習適應新環境。

嘗試與孩子一起建立規律的作息習慣，按時睡覺和起床，配合上學的時間來洗漱和吃早餐。可能的話，帶孩子事先參觀新的地方，如幼兒園、小學或教室，讓他們親眼看到新的環境也會有所幫助。如果不行，也可以利用YouTube等媒體間接地讓孩子觀看情況。

第二，進行能喚起美好回憶的對話，有助於降低緊張情緒。

孩子因為與父母分離而感到焦慮是很自然的現象，上小學就像去托兒所和幼兒園時一樣，等到孩子適應後，這種焦慮感就會完全消失。建議用以下方法詢問孩子：

「在幼兒園的活動中，你印象最深刻、最喜歡的活動是什麼？」
「要不要想像一下，你上學後會遇見哪種老師和同學？」
「上學後，你最期待的是什麼？」
「你覺得去新學校會發生什麼事？」
「有什麼事情讓你感到擔心嗎？遇到那種情況時，你覺得應該怎麼做才好？」
「當你想上廁所時，應該怎麼辦？」

讓孩子擁有「新學校是一個愉快又有趣的地方」的印象非常重要，但更重要的是父母溫暖的言語和細心的關懷。特別是上學的第一天，如果孩子在這一天擁有愉快的經歷，那麼緊張情緒就會大幅減輕。新學期開始的頭兩週，父母可以多詢問孩子學校生活的狀況，以確保孩子能夠順利適應，這樣孩子也會知道父母一直關心著他們。

第三，觀察孩子的適應過程。

如果孩子焦慮或怕生的狀況很嚴重，就需要仔細觀察孩子的適應過程，掌握原因並協助解決。有些孩子可能因為緊張而經常跑廁所，以防萬一，建議提前告訴班上導師這個狀況。以下是孩子在適應過程中感到焦慮的信號，父母應該在第一時間察覺到這些信號，並多加理解孩子的心情。

- □肚子痛、頭痛或感到胸悶。
- □沒有食欲或突然變得煩躁。
- □失眠、難以入睡。
- □話變少、容易疲倦。
- □表示不想上學。
- □頻繁跑廁所或便秘嚴重。

第四，專心聆聽孩子的煩惱，維持良好的溝通。

孩子們的心中充滿了許多無法向大人傾訴的擔憂，比如：我會遇到什麼樣的老師？老師會不會很兇？我可以交到什麼樣的朋友？會不會和之前很熟的朋友分在同一班？如果沒有人要跟我當朋友，我該怎麼辦？

對於學校生活感到害怕和難以適應的孩子，如果只是對他們說：「不要為了無關緊要的小事煩惱」或者「只要努力讀書，一切問題都會解決的。」如此單方面地提供建議或給予壓力，孩子就會感受到孤立無援、不被理解。相反地，只要有一位能夠理解心情、給予鼓勵和安慰的人存在，孩子就能夠克服困難。

有些父母會根據自己年幼時愉快的學校經驗，不當一回事地說：「學校是很有趣的地方耶！你為什麼要這麼擔心？」但對於充滿焦慮和擔憂的孩子，這樣的回應毫無幫助。必須要向孩子說明清楚，面對新環境會感到害怕、與陌生人見面會有所擔心，都是很正常的事情。父母也可以向孩子坦率地談及自己小時候在新學期時緊張的感受，或者第一次去上班的擔憂，藉此產生共鳴和情感連結。對新環境感到焦慮的孩子，最好的方法是跟他們一起討論焦慮的情緒，讓孩子能夠表達出內心的感受。

「是啊！會感到有點不安是正常的！當爸爸去一個新地方時，有時候也會感到緊張。你緊張時會怎麼樣？爸爸通常會覺得喉嚨有點緊繃。」

「我覺得我的腿會有點發軟。」

「這是難免的嘛！那你有什麼方法可以緩解緊張嗎？」

讓孩子知道你理解他的感受，並且告訴他會感到緊張是正常的現象，每個人也都有緊張的情緒。當孩子知道他不是唯一一個擁有這種感受的人時，他便會感到放心，如同抓到救命繩索一般釋放緊張感，然後他才能夠找到專屬自己的釋放緊張的方法。

只要與孩子面對面，仔細傾聽他們說話，就可以大幅減少孩子的不安感。為了應對未來發生更緊張的狀況，父母也可以和孩子一起進行呼吸練習——請牽著孩子的手，一起做十次的深吸氣和深吐氣。

可以做這件事嗎？那個可以吃嗎？可以去玩了嗎？

——反覆確認的孩子

有些孩子會問各式各樣的問題，例如「我可以去一下洗手間嗎？」、「我可以吃零食嗎？」、「我可以玩那個嗎？」一開始，父母會耐心回答，但當孩子一次又一次地重複問同樣問題時，從某個瞬間開始，父母可能會不耐煩地脫口而出類似「你自己決定」、「不要再問了，你想做就去做」、「你為什麼老問這些沒意義的問題？去做就好了嘛！」的話語。

在日常生活中，經常反覆提問的孩子似乎很難自己做出抉擇，也很依賴父母。通常直到小學低年級為止，父母都會親切地回答孩子想確認的問題，不會覺得不耐煩。但問題是，當孩子升上小學高年級或變成了國中生，他們雖然提問的內容改變了，但卻仍然持續反覆地提問，無法自己下決定或做選擇。而且隨著年齡的增長，孩子提問的對象也變得更廣，除了父母、老師和朋友之外，甚至會在網路上提問以獲得確認。

當父母駁回孩子的提問，表示「你自己決定」時，孩子會感到更加不安並繼續追問。如果父母不回應，孩子會一直問下去，直到獲得答案為止，也就是說，必須等到父母其中一個人回答「可以」，那時孩子才會去洗手間、吃零食或者玩遊戲。

經常提問的孩子表面上看起來無法自己做抉擇，但其實在多數情況下，他們心中早已有答案，他們只是想確認別人的想法，並希望以安全又規矩的方式完成任務，所以才提問。若仔細觀察，你會發現這些孩子可能有自己制定確認清單，或者即使沒有人提醒，他們也會自己備齊所需的物品。

可能會有人詢問說，這是否是在養育孩子的過程中，父母過度保護造成的？父母也可能會自責，認為是自己過度干涉孩子做事，導致孩子的自主性沒有發展完全。但實際上，這也涉及到個性特質。即使父母在養育孩子時，未曾要求孩子依賴自己或務必得到允許再做事，但若是天生追求守規矩、具備安全價值觀的孩子，出現這種情況是很正常的。

反覆確認的孩子的內心世界

在父母眼中，這些問題都是微不足道的小問題，但為什麼孩子每次要做什麼事之前都得要不斷確認呢？其實孩子是為了撫平不安的情緒，在採取行動或做出決定之前，孩子想要獲得安全感。還有一種情形，那就是「反覆確認」或「徵求許可」本身就是孩子與父母對話的方式，也是建立關係的一種管道。「我可以去洗手間嗎？」、「我可以看書嗎？」、「我可以吃零食嗎？」每一件事孩子都用提問的型態來跟父母對話。

因此，掌握孩子提問的原因，進而對孩子的內心世界進行分析，將會有所助益。首先，有一些孩子會透過提問來溝通。

我想跟媽媽聊天。

我並非不知道該做些什麼才問的，是因為我想和媽媽一邊聊天一邊做事。

這些孩子其實都能夠自己獨立去洗手間、吃零食或自主選擇要玩什麼遊戲。因此，若遇到這種情況，父母要察覺出孩子想和父母對話的內心。

另一方面，有些孩子之所以提問，是因為他們真的擔心會出現問題。

有時我會擔心，如果沒有先問爸爸就自己做決定，結果出現問題該怎麼辦？我不確定什麼時候應該要得到許可，什麼時候可以自己做決定。

孩子希望在父母面前好好表現，所以他們才會每個問題都一一詢問。他們認為要問問題獲得確認，父母和自己才都會放心、感到輕鬆。

幫助孩子自己做抉擇的方法

當孩子不斷詢問同樣的問題時，父母可能會煩躁地說：「為什麼你要問這些小問題？你自己決定就好了。」但如果教養態度不一，可能過一陣子又會指責孩子說：「為什麼這種事你都自己決定，沒有問我？」

若孩子搞不清楚哪些事要得到父母的允許、不曉得界線在哪裡，卻被父母責備，孩子就會慌張不已。因此，即便孩子提出了不需要詢問的問題，父母也應該要友善地回覆，只要告訴孩子哪些事情他們可以自行決定，他們就會感到安心。譬如用這樣的方式跟孩子對話：

「去吧！以後想上廁所時，你可以自己決定喔！」

父母可以使用以下的方法來應對不同的情況。

第一，提出問題反問孩子。

「你覺得怎麼做好呢？」
「你想吃什麼零食？」
「你想玩什麼遊戲？」

在孩子特別想和父母對話而提出許多問題時，不要只是給予「是啊」這種簡單的答覆，也可以反過來詢問孩子問題。這麼一來，既能滿足孩子與父母對話的渴望，又能擁有決定和選擇的權利。

第二，使用心智圖。

當孩子因為焦慮而提出較多問題時，可以考慮使用心智圖，在紙上一邊寫字一邊與孩子對話。如果孩子已經識字，可以使用文字描述；如果尚未識字，則用簡單的圖畫呈現。將孩子想要向父母確認的事項，以及對於做出選擇而產生的疑慮和擔憂都寫在紙上，這麼一來，孩子可以視覺化地看到疑慮和擔憂的來源，並瞭解這些擔憂實際發生的可能性。在這樣對話的過程中，孩子不安的心情便會沉澱下來。

第三，相信孩子的選擇。

經常問問題確認的孩子，大部分都希望展現出認真的模樣，藉此贏得父母的信任，所以父母對於孩子的選擇，要充分給予支持和鼓勵。當信任孩子的選擇時，孩子會產生「我自己可以做到！」的自信感，甩掉焦慮並擁有安全感。

請牢記以下的話語：

「無論你做出什麼決定，爸爸媽媽都相信你的選擇。」

上次答應要買玩具給我，什麼時候會買呢？

——對約定很敏感的孩子

「爸爸，你忘記買玩具了嗎？什麼時候要買給我？你之前答應會買，不是嗎？」

「爸爸是說如果你有好好吃飯、好好刷牙、在睡覺時間乖乖上床睡覺，才會買玩具給你嘛！但如果你沒有遵守約定，爸爸也不能履行買玩具的約定。」

有一個剛結束諮詢的五歲孩子，向待在等候室的爸爸說了這番話。幾週前，這位爸爸在過來諮詢中心的路上，有答應要買玩具給孩子，孩子清楚地記得這件事。

身為父母，教導孩子要遵守約定是很重要的，但如果父母所提出的約定是需要孩子完成某些行動，才能獲得玩具等獎勵的條件性約定，那麼孩子會遵守約定的可能性有多大呢？在深入探討看重約定的孩子的內心世界之前，先來探討一下，做出約定的父母的內心世界吧！在大部分的情況下，父母在答應給予孩子玩具之類的獎勵時，都會附帶許多條件。

要把飯吃完、不跟弟弟妹妹吵架、整理弄亂的玩具等等，父母通常在做約定時會提出許多條件，而且只有當孩子滿足所有的條件時，才會獲得獎勵。這麼說來，父母在立下約定時，是否也企圖運用約定的力量來控制孩子的行為呢？針對這部分，有必要先自我反思一下。誠實地回答看看吧！為了讓孩子按照自己的期待來行動，自己是否曾經提出條件並承諾要給予獎勵呢？

記得約定的孩子的內心世界

令人惋惜的是，對於那些條件性約定，父母開出的通常都是很難遵守的條件。父母在孩子違背約定時會不斷說：「你沒有遵守好約定啊！」如果孩子反覆地聽到父母的指責，就會認為自己是「無法履行約定的人」。這麼一來，孩子會逐漸保持沉默、心門也會關上。

我已經努力了，但那件事還是沒有成功。
我想要遵守約定，但總是做不到。這實在太困難了。
就算之後爸爸說會買給我，我也不要再相信他的話了。

有附加條件的約定會讓孩子感到沮喪。也許父母並非故意這樣做，但確實會使孩子的成就感和滿足感自然而然地變低。

與孩子建立良好約定的方法

如果希望孩子採取或不採取某些行動，比起立下約定，不如明確地教導孩子什麼應該做、什麼不該做。

舉例來說，如果父母和孩子曾經立下約定，當孩子沒有遵守時就會用這種方式說話：「上次我們約好不再和弟弟吵架，為什麼這次又因為玩具和他吵架呢？」如此強調孩子未能遵守承諾的部分。然而，如果希望孩子彼此之間不要打架或推擠，用以下的說法更為恰當：

「就算很生氣，也不能推擠或打弟弟。如果你覺得心裡不舒服或難過，應該要用說的來表達。如果你們繼續這樣吵架，今天就不能一起玩了喔！下次再一起玩吧！」

那麼，為了與孩子建立起更良好的關係，應該用何種方式與孩子設立約定呢？為了達成這個目的，我們先來瞭解如何恰當地運用獎勵標準。

第一，獎勵的目的是為了孩子的成長，而不僅僅是為了獎勵本身。

我們應該先判斷清楚，獎勵是為了管教、調教孩子，還是真正為了孩子著想而給予的。「獎勵的目的」會決定什麼才是好的獎勵標準。如果獎勵是為了讓孩子按照父母的意願來生活，那麼這樣的獎勵就只不過是管制孩子的手段罷了。這樣的獎勵會帶來反效果，寧願不給獎勵還比較好。

獎勵的目的，應該是在激勵孩子遵守承諾的同時，也培養孩子的自尊心和責任感。賦予孩子在某些行為上產生動機，並讓他們感受到成就和滿足感，這對孩子的發展會帶來正面的影響。獎勵特別適合用來教導孩子責任感，例如要求孩子洗手、刷牙、整理自己的東西等，搭配孩子的年齡階段，每當孩子成功做到某些事情時，就提供適合的獎勵，這麼一來，孩子將可以培養出健全的自尊心。

第二，比起物質性獎勵，提供社會性獎勵更好。

與其提供像玩具等物質性獎勵，不如給予孩子社會性獎勵，也就是以「溝通」和「行動」為主軸的獎勵方式。可以詢問孩子，想要和家人或朋友做些什麼，然後提供相對的獎勵。社會性獎勵的選項包括去公園玩耍、和父母其中一人單獨約會、去書店買書、和朋友去兒童咖啡廳、與朋友一起玩、去動物園、去游泳池玩水、玩桌遊、唸童話故事書給孩子聽等多種活動。

「你覺得和爸爸一起做什麼會很開心呢？」
「你想和朋友一起做什麼事呢？」

向孩子提出類似上述的問題，並給予孩子他們希望得到的社會性獎勵吧！

第三，設定明確的期限給予獎勵，並且務必遵守。

如果與孩子一起設定了目標並承諾要給予獎勵，那麼父母和孩子都必須清楚地意識到遵守約定的重要性。在這種情況下，父母應該設定一個期限來給予獎勵，這樣孩子才會認為父母有意遵守與他們的約定並感受到滿足。

如果孩子未能遵守承諾，但父母仍然給予獎勵，認為「做到這種程度就夠了」或「下次再做得更好就行了」，這可能會產生反效果，使得孩子不努力實現下一個目標。若遇到這種情況，父母應該給予鼓勵而非給予獎勵。

最重要的是，父母應該先遵守諾言。所謂的「約定」是指未來的事情，所以常常會說出「之後」、「下次」、「下週」，然後就延遲執行。有些人常常濫發約定，卻又僅僅站在父母的立場上思考，找各種藉口說『我很忙碌』、「現在有其他事情要做」而不遵守；或者當孩子要求父母遵守約定時，父母卻說「現在難道是出去玩的時候嗎？」、「你沒看到爸爸媽媽很忙嗎？」、「你平常也都沒在守約，只有這種事情記得一清二楚！」倒過來向孩子發脾氣。

除此之外，如果孩子一直耍賴，要求父母購買玩具等物品作為獎勵，父母為了解除當下的危機而與孩子約定，這狀況並不理想。無意義約定容易被遺忘，也不容易遵守。當孩子看到父母容易忘記約定的模樣，很可能會失去對父母的信任。

假設父母忘記遵守與孩子之間的約定，就應該坦誠地說明並道歉，而非試圖敷衍地逃避當前情況。在建立與孩子之間的信任時，誠實守信非常重要。

「對不起，爸爸忘記了！真的很抱歉！」

父母若能夠遵守與孩子的約定，在下列三個方面可以帶給孩子正面的影響：

一、**孩子會培養出「遵守承諾」的價值觀**。

比起用言語強調遵守約定的重要性，當孩子親眼目睹父母遵守承諾的模樣時，孩子便可以親身體驗到「啊！原來承諾很重要哇！」。這樣的體驗對於孩子的價值觀形成具有十分重要的影響。

二、**孩子能夠感受到情緒上的穩定**。

父母遵守承諾的態度會讓孩子感受到情緒上的穩定，並且會用正面的視角來看待他人，最終可以減少孩子在人際關係中產生的不安全感。自己所珍視的人，也同樣珍惜地關懷自己，這點可以使孩子感受到自己是重要的。

三、**孩子會建立對父母的信任。**

父母與孩子之間建立起的信任關係，在孩子走向青春期時會發揮最大的作用。即使在許多方面產生衝突、彼此意見不一致，孩子與父母之間建立的信任感也不會在一瞬間崩塌。這同時也意味著信任感無法在短時間內建立起來，信任感會在彼此努力遵守承諾的過程中產生，並成為未來所有關係的基石。

PART

02

孩子為什麼說出探索性的言語？

以「創造性傾聽法」為原則 提升孩子的解決問題能力

不熟練的言語中蘊藏著孩子真實的內心

「我想確認我知道的事情是不是真的。」

「當我問問題時，媽媽會注視著我，會跟我對到眼並親切地回答，我很喜歡媽媽這樣。」

「每當我提出問題時，我覺得媽媽和爸爸給我的答案是世界上最棒的。」

即使是短暫的路程，孩子也會「邊走路邊問問題」，這偶爾會讓我感到煩躁。當他們一直詢問「你知道這是什麼嗎？」、「這是幹嘛用的？」、「為什麼會這樣？」的時候，我也會感到困惑。如果孩子表示：「我喜歡自己玩」，並沉浸在獨處時光中，不太願意與朋友一起玩耍；或者說：「我不喜歡和不認識的人打招呼」，如此和陌生人保持距離、感到害臊的時候，我又會感到擔憂。

那些喜歡觀察周遭，對於未知的事物充滿好奇心的孩子們，通常都擁有強烈的求知慾。為了更清楚瞭解他們好奇的事物，他們會搜尋資訊；對於自己感興趣的主題，也會找相關書籍來閱讀並深入研究。此外，他們喜歡有邏輯地闡述自己的想法。

這樣的孩子相較於與他人互動，通常對昆蟲、動物和物品會更感興趣。在遊戲時，他們更喜歡那些能滿足求知慾和好奇心的遊戲，而不是需要互動的遊戲。他們可能不太擅長主動接近朋友，對於交朋友的方式還有些不成熟，但這是因為他們喜歡獨自深入探索自己感興趣的領域。他們可能沒有很多朋友，但一旦交了朋友，就會保持忠誠且維持深厚的關係。

看起來不太健談、社交能力稍嫌不足的孩子們，其實也會對此感到壓力。讓孩子接觸各式各樣的朋友，累積相處的經驗會有所幫助。如果是升上小學高年級的孩子，可以鼓勵他們加入學校社團，結交擁有共同興趣的朋友。

透過以下幾個問題，你可以瞭解到孩子個人獨特的探索性言語。想知道孩子希望用什麼樣的探索性言語來跟父母對話嗎？試著問問孩子吧！

- 你最常思考哪些事情呢？
- 你最好奇或最想知道的東西是什麼？
- 你覺得哪些書很有趣？
- 從1到10，你的求知慾大概有多少？

尋求新知識的所有科學思考過程被稱為「探索」。所有的孩子都會積極地探索以滿足好奇心，他們會從周圍環境來學習知識，也會藉由具體的經驗來掌握情報，藉此培養自己解決問題的能力。韓國在學齡前兒童的標準教育課程中，包含了「享受探索過程」和「在生活中進行探索」，以這樣的教育方式讓孩子持續保持對外界和大自然的好奇心，並鼓勵他們用各種方法進行探索。同時，讓孩子對於每個人不同的觀點持有興趣也非常重要。

二至六歲的兒童處於愛提問的年齡階段，他們會透過問題來滿足好奇心。發展心理學家將不斷提出問題的幼兒時期稱為「問問題的高峰期」。兒童之所以提問，是因為他們積極地探索周圍的環境而產生了對知識的好奇心和求知慾。

代表性的發展心理學家尚．皮亞傑Jean Piaget指出，當孩子遇到陌生的事物或情境時，他們會調整自己或調整情境，由此產生的不平衡狀態會引發孩子的好奇心進而開始提出問題。皮亞傑還強調了孩子的思考與語言之間的關係，其中孩子自發性的提問是能理解孩子邏輯思考的主要媒介。

孩子的問題不僅反映了他們目前的興趣和好奇心，還反映了他們目前所面臨的困難，因此透過問題的內容可以深入察看孩子的內心世界，也能夠適時扮演引導者角色來提供協助。此外，孩子也會藉由提問，培養語言能力、認知能力、解決問題能力和創造力等，有助於智力和情緒的發展。

不過，有些家長在面對孩子的連番問題會感到煩躁，選擇不回應或者敷衍了事。起初試著一一回答的家長，也會隨著孩子提問變得頻繁，忍不住說：「夠了！不要再問了。」許多家長習慣對孩子發號施令，卻不太願意聽孩子發言或回答他們的問題。

然而，孩子提問的時刻正是他們最好的學習機會，而適當地回應孩子的問題則是最佳的教學方式。當家長表現出對孩子的問題感興趣並給予真誠的回應時，孩子可能會對學習產生濃厚興趣，並更積極參與學習，因此鼓勵孩子提問並積極地回應他們的問題至關重要。

孩子的問題可以分為多種領域，包括人類生活、人造物品、文字和詞彙、數量、自然現象、生物等。相對於植物，孩子對動物可能更加好奇；相對於靜態的事物，孩子對動態的事物可能更感興趣。我們經常能夠觀察到孩子對動物的名稱、行為和外觀表現出濃厚的好奇心。

孩子們提問的範疇	孩子們提問的主題
人類生活	性、身體、生活問題
自然現象	氣象、地球和宇宙、物理現象、化學現象、物質
生活用品	學用品、服裝、食物
人造物品	電視、電話、鐘錶、太空船等機械設備

文字和詞彙	字母、單字
數量	時間、金錢、數字
生物	動物、植物

經常用探索性言語來說話的孩子，在獲得新知識時會感到很愉快。他們對這世界充滿好奇，不斷提出想瞭解的問題並尋求答案。特別是在幼兒階段，他們對世界的瞭解有限，因此對自然和物理世界中發生的事情常常感到新奇和驚奇，在此時期會積極地提出問題。理解孩子們使用的探索性言語，仔細察看他們的內心世界，將為孩子未來應對各種情境打下堅實基礎。

我們一邊猜謎一邊散步啦！
——渴望猜對答案的孩子

在去幼兒園的路上，孩子說：「我們一邊走路一邊猜謎吧！」

「媽媽，你猜猜看這是什麼。它有四條腿，小小隻的，尾巴上有條紋。」

「嗯～是松鼠。」

「媽媽，你也出一百個問題給我！」

我們一邊走路，一邊出各種謎題，孩子感到非常興奮，甚至在睡覺前也想要玩猜謎遊戲。幼兒時期的孩子喜歡在父母出問題時猜對答案。上了小學後，在學習俗諺或成語時，他們也覺得用猜謎遊戲的形式來學習更有趣。在讀書時也一樣，如果以問答的形式提問，孩子們會更加專心。

事實上，不僅是孩子，成年人也喜歡猜對問題的答案。在電視節目中，如果有問答的橋段，觀眾的參與度也會提高。例如，韓國tvN的節目《腦性時代：問題男子문제적 남자》以激發大腦的新概念猜謎遊戲獲得了熱烈的迴響，而代表性的猜謎節目《我

們的語言戰爭 우리말 겨루기》也長期吸引著許多觀眾。

猜謎遊戲從孩子開始學說話、認識物品時就開始了。孩子會問：「這是什麼？」並透過這種方式來熟悉新事物。父母也會問：「這是什麼？」用問答的方式來確認孩子是否知道。孩子通常在三至四歲時會詢問動物和物品相關的問題，五至七歲時會玩「五個關口（提出五個跟謎底有關的提示，讓人猜出謎底的遊戲。）」的遊戲，七歲以後會進行字母猜謎等遊戲，這些都有助於孩子的語言和認知發展。成為小學生後，則開始對抽象概念的問題產生興趣，於是會改玩「謎語」或「無意義問答」。

渴望答對問題的孩子的內心世界

人會本能地對新的問題感興趣，並產生想解決問題的渴望。藉由這個過程，孩子推理和解開問題的能力也會提升。每解開一個問題，就能夠增加自信，並且產生面對新課題的毅力和動力。如果希望提高孩子解決問題的能力，建議從孩子小時候就幫助他們自然地保持好奇心和觀察力。

那些會叫父母出題目考自己的孩子們，認為這是一件令他們感到自豪的事情。

媽媽，妳看看我有多棒！
我可以答對很多問題。我真的很厲害對吧？

當孩子答對問題時，父母給予肯定的回饋會增強孩子的快樂、成就感和自信。

「Bingo！哇，你很厲害耶！連這個也知道？很酷耶！你是怎麼知道的？在哪裡學會的？」

正因如此，孩子才會說：「媽媽，給我出一百個問題吧！」

有效運用問答遊戲的方法

與其一味地認為孩子的提問很煩人，不如換個角度，思考如何適當地讓問答遊戲發揮功能吧！這不僅可以幫助孩子培養解決問題的能力，還可以成為建立良好親子關係的橋樑。

第一，與填鴨式教育相比，問答遊戲更具創意。

英國牛津大學和劍橋大學以提出奇特問題而聞名，這些問題原本是專門用來選拔新生的。在進行新生口試時，從現實的問題到哲學且抽象的問題都有。若想獲得入學許可，只擁有優秀的背誦能力或教科書知識是不夠的，還需要善用基本知識，給出極富創意的答案。想具備創意性思維，並非單純背誦知識就能辦到，而是需要反覆以新穎的方式來思考和回答，才能產生創意性思維。

實際上，就算是要背誦知識或學習教科書的內容，使用Q＆A形式、搶答遊戲，或者「二十個問題Twenty Question Game」等各種問答遊戲來學習，反而更有效果。問答遊戲不僅對學習有益，還有助於親子在日常生活中進行溝通。舉個例子，父母可以提出「你跟朋友玩耍時，如果心情不愉快，你都會用什麼方法來安撫自己的心情呢？」這類的問題，父母和孩子互相分享各自的方法，瞭解彼此是如何解決問題的。

提出問題來問答，可以製造更瞭解彼此的機會。例如，「媽媽最常說的話是什麼？」或「爸爸生氣時會做出什麼行為？」這類的問答題目，便可以檢視家庭成員之間的溝通方式。

第二，提問的同時，創意和解決問題能力也會隨之產生。

創意該如何培養出來呢？韓國科學技術院KAIST的生物與腦科學教授李光亨認為，當我們開始提出問題時，就有可能激發出創意。所謂的「創意」通常指的是能夠以不同於一般人的方式來思考和行動的能力。有很多人認為「創意是天生的，無法透過學習培養而成」，但實際上這種觀點是對創意本質的一種誤解。創意並非無中生有地想出全新的東西，而是在將既有的元素結合或應用的過程中產生的新點子。若想要很會踢足球，就需要訓練跑步、運球、傳球、射門等技巧。同樣地，創意的培養需要閱讀書籍、多多思考並自己提出問題，如此不斷地鍛鍊。

如果沒有接觸新環境，只是重複做同樣的事情，就容易僵化在一個固定的狀態中。換句話說，如果習慣每天重複「老師教導、孩子被動地聆聽和記正確答案」，就無法生出創意。相反地，新環境會刺激孩子的大腦。鼓勵孩子在課堂上主動提問好奇的部分，也是培養創意和解決問題能力的重要元素，孩子會因此學會自主思考，也會更加熟練，用有創意的方式來解決問題。

第三，在閱讀或欣賞圖畫時，也可以善用問答遊戲。

通常，我們會與孩子一同閱讀書籍，然後進行閱讀後的活動。此時並不需要安排太多的活動，只需要向孩子提出一些問題即可，像是簡單地詢問一些關於主角的名字和情節的小測驗，可以幫助孩子在下次閱讀時更加專注。

這時的問題設計，比起提出有固定答案的問題，詢問一些讓孩子有想像空間的問題是更好的選擇。純粹確認知識和資訊的小測驗，對於提升解決問題的能力沒有太大的幫助。在閱讀故事書的過程中，可以暫時闔上書本，詢問孩子一些問題：「你覺得接下來該怎麼做比較好？會發生什麼事情呢？」這類的提問可以促使孩子想要解決問題，進而激發出想像力。

接著，可以再次回到書中，與孩子一起查看故事實際上是如何發展的。孩子會更關注他們所提出的內容是否與故事線一致，或者是否有不同的情節發展。在閱讀完故事後，可以與孩子一起想像、編造後續的故事發展，或者根據書中的事件或情境詢問孩子：「如果是你，你會怎麼做？」這類的問題。此外，讓孩子負責出題，由父母來回答，也是一個不錯的方法。

在欣賞名畫或到展覽空間觀賞作品時，也可以向孩子提出問題來延展話題。例如：「為什麼這個人會獨自在這裡？」、「他現在要走去哪裡？」、「現在他的心情如何？」、「這幅畫是哪個時代的作品？」、「為什麼動物們都躲起來了？」等等，透過提問、推測與孩子進行對話。當孩子進入小學高年級後，可以將問題導向作家的資訊、時代背景、所屬國家等學習方向。

★培養解決問題能力的提問方式★

在此介紹幾種可以提升孩子的觀察力、好奇心、邏輯思維和創意等能力的提問形式。

1.與其直接回答孩子的問題，不如由父母先反問孩子的看法。

當孩子問：「爸比，這是什麼？」時，與其直接告訴他們：「那是迎春花。」然後結束對話，不如反問他們更多問題，例如：它長什麼樣子？花的顏色是什麼？什麼樣的名字適合這朵花？我們要不要幫它取個名字呢？……這樣可以讓孩子更仔細地觀察和探討，還可以與孩子一起取新的花名。

「這是一朵黃色的小花，我想要叫它『小雞花』。」

「好哇！我們就叫它『小雞花』吧！人們通常稱它為迎春花。」

「為什麼呢？」

「因為大家已經約定俗成，要叫它迎春花。」

不需要教導過於學術性的內容，但如果孩子充滿好奇心，也可以與孩子一起搜尋更多資訊，告訴孩子「花名的起源」等相關內容。

2.透過詢問「這是什麼呢？」，培養孩子的好奇心。

當走在路上看到某個物體或物品時，與其直接告訴孩子：「這是杜鵑花」、「這是牽牛花」或者「這是向日葵」，不如試著反問孩子：「這是什麼呢？」這類的提問可以培養孩子對世界的好奇心。

3.透過詢問「為什麼會這樣呢？」，培養孩子主動尋找答案的習慣。

當面對某種情況或問題時，如果我們反覆詢問孩子「為什麼？」，孩子就會逐漸習慣在需要解決問題時，自己尋找「為什麼？」的答案。如果孩子無法輕易找出答案，建議可以給他們一些時間來思考，而非立刻回答他們。這類的提問是培養解決問題能力的起點。

4.透過詢問「你的想法如何？」、「你覺得呢？」，培養孩子的思考能力。

詢問孩子的想法和意見可以幫助他們整理自己的思緒。當孩子經常被問及這類問題時，可能會在某個時刻反問：「媽媽，你為什麼這麼想？」這麼一來，孩子可以自然地接受「他人與自己的看法可能不同」的事實。這些過程有助於提高孩子的思考能力並培養邏輯溝通的能力。

5.透過詢問「怎麼做比較好呢？」，培養孩子的自主性。

透過詢問「爸爸要怎麼幫助你？」、「你覺得怎麼做比較好？」之類的問題，我們可以培養孩子的自主性。

「爸爸，我可以玩遊戲嗎？」

「你學校功課都做完了嗎？」

「還沒有。」

「你還有功課要寫，你覺得怎樣做比較好呢？」

「先玩遊戲三十分鐘，然後再寫功課怎麼樣？」

在這種情況下，可以接續詢問孩子：「玩遊戲三十分鐘，時間夠嗎？」或者「先做完功課再玩三十分鐘的遊戲如何呢？」透過這種對話方式，提供給孩子為自己的決定負責任的機會。

你知道這是什麼嗎？
——賣弄知識的孩子

「媽咪，你知道這是什麼嗎？」

「……」

有趣的卡片遊戲會讓孩子們玩得不亦樂乎，其中寶可夢卡片可說是孩子們的最愛，但是由於角色名稱既複雜又奇怪，即便父母親想要一起玩也不容易。孩子們常常拿著卡片來詢問，每次被問到時我都想好好回答，卻反而顯得自己很無知。我甚至買了一本整理了角色特徵的圖鑑，最後卻只是增加了孩子對寶可夢的瞭解。

在與孩子一起玩角色扮演時，由於角色太多也不太瞭解角色特徵，所以很多父母並不覺得這樣的遊戲很有趣，但是孩子們卻可以一一列舉角色的能力和特徵，還感到十分得意。這時，若想對上孩子的節奏，需要不凡的耐心和專注力。不管按照孩子的指示，被電擊了多少次百萬伏特，倒下後接受治療，然後再次活過來，我們都得反覆跟著孩子玩。

除了遊戲角色、卡通人物，孩子對昆蟲、動物和恐龍的認識有時候都比大人還要多，甚至一些極為稀奇的海洋生物，孩子還可以清楚說出其特點。

有次在閱讀童話書時，孩子指著一條魚詢問我。我根據書上的內容讀給他聽。

「媽媽，你知道這個叫什麼名字嗎？」

「嗯，等一下。這隻魚叫做環紋蓑鮋。」

「這是獅子魚。媽媽你上網查看看。」

聽孩子說完，我便拿起手機搜尋，確認了環紋蓑鮋的英文名稱，果真是獅子魚。

「你怎麼知道的？」

「它有出現在『海底小英雄』裡面啊！媽媽，黑鮟鱇真的很醜吧？因為這邊有光線，可以在這邊把魚釣來吃。」

三至六歲的孩子對世界上的一切都感興趣。特別是三、四歲的孩子們，他們會不停地問問題或者講述自己知道的事情。即使大人想教他們一些東西，他們也會說：「我也知道啊！」就像在炫耀那般地說話。

剛開始學會說話的孩子，出於一種試驗語言能力的衝動，也為了讓周圍的人注意到自己的存在而提出各種問題。同時，他們希望爸爸媽媽也能瞭解自己知道的事情，因此積極地分享。

追求知識是人類的本能。亞里斯多德在《形上學》一書中提到：「每個人天生都愛追求知識」。此外，阿基米德著名的吶喊：「尤里卡！」也是因為發現知識而發出的喜悅之聲。（尤里卡源自希臘語Eureka，意思是「我找到了！」，用以表示發現某事物或理解真相時的感嘆詞。）

孩子在成長的過程中，會迅速地學習到越來越多的知識。每當這種情況發生時，父母都會驚訝不已。當你詢問他們：「你怎麼知道這個的？是在幼兒園學的嗎？」有時他們會回答：「不是，我本來就知道了！」

孩子自己在吸收新知識的同時，也會想確認父母是否也都曉得，因此會問道：「爸爸，你知道這是什麼嗎？」如果父母表示不知道，孩子們可能會得意洋洋、屁股翹高高；如果父母表示知道，他們則會讚嘆地說：「喔！」孩子還年幼，看起來固然可愛，但「可愛」和「可惡」只有一線之隔，所以父母們也擔心孩子總是裝作很懂、很厲害的模樣，反而會造成朋友或老師的反感。

不過，這種表現大多只是成長過程中很自然的一部分。五至六歲是孩子從父母懷中逐漸獨立出來的時期，他們的智力變得發達，求知慾也變強，所以會開始表達自己的所學所知。在這個階段，孩子們會想要驗證他們所知道的資訊，並且非常想向周圍的人炫耀。尤其是在家裡，他們會得到家人的認可，被稱讚自己是最棒的，但當他們感受到自己在其他地方沒有得到足夠的關注時，就會展現出「自己很懂」的模樣。年幼的孩子會想盡辦法向別人表達自己知道的事情，就連很小的事情也想確認清楚。

有些父母會擔心孩子變得太自以為是而吝於讚美，但特別是面對五至六歲的孩子，我們需要把「愛炫耀」視為一種正常的表達方式。孩子還太年幼，無法現階段就學會客觀地看待現實、學會謙虛的價值觀，因此要一邊認同他們「愛炫耀」的表達方式，同時引導他們朝向正確的方向發展。如果孩子都要進入小學了，卻依然習慣自吹自擂，這可能會影響他們與同儕的互動狀況。然而，就算不特別要求孩子克制這個習性，他們久而久之自然會發現，這個世界上其實有許多他們不知道的事情。

賣弄知識的孩子的內心世界

孩子透過表達自己所知道的事情，希望獲得肯定和讚美，這種渴望通常會藉由「賣弄知識」的方式來表現。

我知道很多東西吧？我很厲害吧？我很酷吧？

當孩子展現出「我想成為最好的！我想被認同！」的慾望時，我們應該展現接納的態度，而非批評他們。

「沒錯，你是最棒的！好厲害喔！你真的很想好好表現耶！」

「自尊心高」和「愛炫耀」在表面上可能不容易區分，但心理效應卻完全不同。當人在「裝懂」和「炫耀」時，會同時產生自卑感和優越感。當人缺乏自信心，覺得自己沒有被充分認同，或者沒有被視為有意義的存在時，就會產生自卑感。在這種情況下，孩子可能會想透過「我比其他人懂更多」的知識性優越感來填補這種匱乏。當然，由於其他人無法瞭解孩子的內在狀態，容易看那些「愛炫耀」的人不順眼。

因此，我們在稱讚孩子時，要記住一點：請針對他們為了學習知識所付出的努力和過程來稱讚。當他們明白成果並不是唯一重要的，自己的努力和過程同樣具有價值時，孩子們就能培養出健康的自尊心。

幫助孩子表達自己又受人喜愛的方法

家長可以協助孩子適時地表現自己，而不僅僅是單方面賣弄知識。

第一，需要維持「表達」和「傾聽」的平衡。

就算別人沒有稱讚自己很聰明，依然肯定自己是個很棒的人，這是一種很健康的心態。這種孩子會珍惜自己並擁有高自尊。然而，如果他們在別人面前過度炫耀：「我真的很厲害喔！」便可看出他們較缺乏社交經驗和對人際關係的敏感度，可能無法意識到自己的言行會對他人造成何種反應。若是這種情況，孩子可能會如同家長所擔憂的一樣，在人際關係中遇到困難。

然而，要對孩子說「你並不是那麼聰明，你並不是那麼厲害」並不是一件簡單的事情。直接告訴他們「這樣做會讓你的朋友不喜歡你」或者「那些自以為是、經常炫耀的人通常不受歡迎」也不是最理想的方法。那麼，當孩子誇耀自己的能力，並說

「我真的很厲害」時，我們應該如何更好地回應呢？

雖然每個孩子的情況都有所不同，但通常那些喜歡炫耀的孩子在與人交談時，經常會說很多話。或許父母能夠專注地聆聽孩子所說的一切，然而在與朋友或同齡人相處時，情況可能就不同了。教導孩子以「群體的一員」的角度來思考他人的感受，這在培養社交能力方面扮演著關鍵的角色。

「你說得對，你表現得很好。因為你很努力學習和研究，所以爸爸覺得你做得真的很好，但是當我們在和朋友或其他人相處時，要留意不要讓自己話說得太多或太久。在跟人對話時，發言的長度應該盡量跟別人差不多，這樣會更好。」

第二，引導孩子將「裝懂」的態度轉往正面的方向。

建議父母可以這樣引導孩子：知識除了單純拿來炫耀之外，也可以實際用來幫助他人。透過自己幫助朋友或家人的經驗，可以學習到分享和關懷他人的心志。此外，「幫助他人」對孩子而言是全新的挑戰，可以讓孩子培養出解決問題的能力。

「你說得對，你的英文確實講得非常棒！那要不要也試著教弟弟一些英文呢？」

「弟弟因為有姊姊你的幫助，英文進步得很快、講得很好耶！」

這是什麼？為什麼？為什麼會這樣？
——對世界充滿好奇的孩子

「最近孩子經常問『為什麼』。我希望能夠給予他合適的回答，但很多時候我也沒有正確答案。」

這是家長們在諮詢中心經常提到的煩惱。「為什麼我們要上幼兒園？」、「為什麼爸爸的肚臍看起來很好笑？」、「為什麼媽媽坐著休息？」……孩子們接連不斷地提出各種問題，時常讓父母頓時慌張起來。如果有明確的答案，事情就簡單多了，但大部分情況下都難以提供明確的解答，讓人感到束手無策。

在閱讀圖畫書的時候，孩子們只要看到新的昆蟲或花朵，就會像瀑布一樣傾倒各種問題。

「這是什麼？」

「那個叫做螳螂。」

「為什麼叫做螳螂？」

「這個嘛……人們就是這樣幫牠取名字的。」

「螳螂為什麼這麼細長？」

難以招架的父母在聽完孩子詢問後，不知不覺就開始在網路上搜索「螳螂名稱的由來和外貌特徵」。

帶孩子去動物園時，孩子也會問：「為什麼長頸鹿的脖子這麼長？長頸鹿會說話嗎？我們不能把長頸鹿和松鼠放在一起養嗎？」如果回答是否定的，孩子又會接著問：「為什麼不行呢？那可以養兔子嗎？」如此接連不斷地提出問題。

「別問了，你看那個！哇！是獅子！你再看看那個！那是大象！大象真的很大隻對吧？」父母努力轉移孩子注意力，試圖制止孩子繼續問下去。然而，沒過多久，孩子又開始了新的一輪質問。父母雖然也想要在網路上搜尋長頸鹿脖子很長的原因，好好跟孩子說明，但想要以孩子能理解的方式解釋複雜的內容並不容易。

我們家老大在三歲時「問題大爆發」，每次對話中都會出現「為什麼？」，特別是在坐公車、捷運等大眾交通時，他的好奇心似乎更加旺盛。有一天，我在公車上反問孩子：「你覺得呢？」然後正準備要好好回答孩子的問題時，坐在後面的老伯伯突然開口對孩子說：「別再問問題了，你媽媽要回答你這麼多問題也很辛苦。」雖然我和兒子的談話聲沒有很大聲，但因為老伯伯就坐在後面，一直聽我們說話應該會覺得很累。我誠懇地向老伯伯道歉，然後再次向孩子解釋情況。

「車廂內是公共場合，應該要保持安靜。等我們下車後，你再問問題也可以喔！今天出門，讓你對這個世界充滿好奇對吧？」

「為什麼？」的詞彙遊戲通常在孩子約三歲時開始，也是左腦開始發展的階段。尤其孩子出門時，看到五花八門的東西，便會對周遭充滿好奇，興趣也變得多樣化，於是問題不斷湧現。然後，隨著孩子進入小學高年級，這種情況就會逐漸減少。

當孩子詢問「為什麼？」時，起初父母會和藹地一一解釋，但隨著時間流逝，孩子的提問可能變得像開玩笑一樣，連續用問題轟炸父母，導致父母最終回答：「夠了，不要再問了！」或者顯露出「隨便亂回答」或「不耐煩」的反應。面對孩子的連續提問，父母有時甚至會想：「孩子是在折磨我嗎？」儘管我們理性上知道並非如此，但依然難以維持耐心回答孩子的問題。

充滿好奇心的孩子的內心世界

對孩子而言，「為什麼」是個非常有趣的詞彙。孩子對這世界充滿好奇，有太多事情想要瞭解，他們的好奇心常讓他們不想睡覺，而且這些問答既滿足了孩子的好奇心，同時又引發更多的好奇心。

我想要確認我所知道的事情是不是對的，我還不想要睡覺。我打算和爸爸一起玩問答遊戲，不想要馬上睡覺。

此外，孩子認為不管詢問父母任何問題，父母都會知道答案，也會態度友善地給予回覆。即使是已知的事情，孩子們依然想跟父母確認，也渴望得到父母的關注。孩子們相信，父母會教他們這世界上的一切知識，也會回答他們所有疑問。

當我提出問題時，媽媽會注視著我，並且溫柔地回答我，我非常喜歡這樣。我認為在我提問的時候，爸爸的回答是最棒的。我不會隨便向任何人提問。

幫助孩子提出好問題的方法

在諮詢過程中，我們經常會碰到不斷提問的孩子。有些孩子會提出有確切答案的問題，也有些孩子會一再反覆提出無意義的問題，甚至有些孩子無法停止提問，讓父母筋疲力盡。面對孩子各式各樣的提問，我們應該如何回應比較恰當呢？

第一，有時候需要限制孩子提問的數量。

對於年幼的孩子來說，一旦啟動「提問開關」，他們就會陷入一連串的問題遊戲中，特別是當他們知道透過提問可以拖延睡覺時間時，可能會持續提出各種無厘頭的問題。在這種情況下，父母可以堅定地限制提問的數量，例如說：「已經夠囉！明天再問下一個問題吧！」藉此讓他們選擇真正好奇的問題，而非只是開玩笑的提問。

第二，應該與孩子一起探討問題的答案。

問題是思考的起點，幾乎所有思考的起源都來自於問題。透過問問題，孩子能夠培養思考的能力，而這正是生活中最重要的能力之一。當孩子提問時，我們常常認為應該提供正確答案，但更好的方式是透過提問進一步展開對話，例如可以反問孩子：「你覺得為什麼會是這樣呢？」藉此延伸到更深入的對話。

以學習的好奇心為出發點來提問的孩子們，通常會針對具體的原理或因果關係展開對話。這些問題往往是父母難以輕易回答的難題。在這種情況下，我們可以對孩子說：「我也不太確定呢！我們一起來尋找答案吧？」然後跟孩子一起透過相關書籍或網路來尋找答案。這樣的方式不僅讓孩子能夠享受滿足好奇心的過程，同時也提供孩子與父母交流的機會。比起直接回答孩子的問題，更重要的是與孩子一同尋找答案的過程。

如果孩子對某個特定領域表現出濃厚的興趣，我們應該積極地幫他拓展這個領域。當孩子提問時，不要感到厭煩，可以鼓勵地說：「這問題很棒耶！」這樣的稱讚有助於激發孩子對於探索的熱情。請記得，提問能夠擴展孩子的思維，同時也能夠讓孩子獲得學習的動力。

不要在別人面前講我的事！
——在陌生人面前感到害羞的孩子

「看到大人應該要打招呼，對吧？」和孩子一起走在路上，遇到熟人停下來交談時，我試圖引導孩子打招呼，但他卻躲到我的背後。

「我上次見到你時，你還被媽媽抱著，沒想到長這麼大了！現在在哪間幼兒園啊？你們現在要去哪裡？你真可愛！有好好吃飯嗎？有好好聽媽媽的話嗎？」

雖然對方開心地問著各種問題，孩子卻不太敢回答。

在韓國擁有重視問候的文化，所以當孩子不打招呼時，父母一定會說：「看到大人要打招呼啊！」如此教導孩子禮節，有時甚至會親自示範如何低頭打招呼。

其實對孩子而言，突然有陌生人走過來會讓他們感到慌張。在別人面前害羞地躲起來的孩子，回家路上用帶有不滿的聲音對我說：「媽媽，別再講我的事情了！」這種時候，我們經常會心想：「疑？他幹嘛這樣？有必要生氣嗎？」然後就不以為意地將事情輕鬆帶過。

從開始發展社交能力的三歲開始，有些孩子在家裡和在外面會展現出完全不同的態度和行為。在家裡，他們可能很活潑、愛開玩笑且口齒伶俐。然而，一旦看到陌生人，他們又會變得沉默寡言。

德國哲學家兼社會學家格奧爾格．齊美爾Georg Simmel在〈論羞恥的心理學〉一文中指出，人之所以會感到害羞，是因為自我在他人眼中顯現的形象與自己理想中的自我不相符。現實中的自我一定會與理想中的自我有些差距，但被其他人觀察到這種差距時，人就會感到害羞。害羞是長大成人後仍然會感受到的、極為自然的情緒，因此我們應該理解孩子的害羞心理，而非指責他們。

容易害羞的孩子的內心世界

孩子從三歲開始展現害羞的情緒。雖然引發孩子害羞的原因有很多種，但基本上都是源自於「不安」和「恐懼」。

陌生人太多了，我覺得很害怕，所以不敢開口說話。媽媽帶著我出門時，只要遇到認識的人，媽媽都會叫我跟他們打招呼，但對於第一次見面的人，我不敢打招呼。

有些孩子在家裡伶牙俐齒又調皮，但只要一遇到陌生人，就連一句話都說不出來。要求孩子跟人打招呼時，周圍人們的目光自然地都會集中在孩子身上，這會讓孩子感到不安而想要躲在父母的後面。

孩子不和人打招呼並躲在一旁，是因為他們不太認識那些偶爾見到的鄰居，對於自己要跟鄰居打招呼的這件事也感到很陌生。當然有些孩子遇到陌生人後，可以很快跟他們變熟，也很會適應新環境，但有些孩子則很難和新認識的人交談，需要很長的時間才能適應新環境。這不過只是個性上的差異，並不是什麼需要擔憂的事情。即便是很害羞的孩子，只要熟悉環境後，也會漸漸變得不那麼害羞。

事實上，當孩子看到父母愉快地跟他人打招呼，就可以藉此學到許多，他們只是因為內心不安而不太敢大聲打招呼罷了。

幫助孩子有自信地打招呼的方法

有時候當老師跟家長在談論與孩子相關的事情時，坐在一旁的孩子會想堵住父母的嘴，不讓他們講到自己的事情。尤其是內向的孩子對初次見面的人會保持警戒心，對於這種性格的孩子，我們需要向他說明「打招呼並非一件羞恥的事情」，而不是直接質問他們為什麼不跟人打招呼。

第一，要等待孩子準備好，而不是強迫他們做到。

當孩子沉默不語地躲在父母背後時，如果我們說「要趕快跟人打招呼啊！」孩子可能會更難在行動上克服這種害羞。我們應該等待孩子做好心理準備，或者跟孩子討論說：「我們一起想想看喔！下一次類似的情況發生時，應該怎麼做呢？」如此等待孩子能夠主動做到為止。

第二，在無人的地方教導打招呼的重要性並且同理孩子。

如果在其他人面前公開地說：「我們家的孩子很害羞內向。」可能會導致孩子在潛意識中產生這樣的想法：「啊！原來我是一個害羞的人啊！」因此建議父母等候他人離開後，再私下與孩子聊聊，告訴他關於打招呼的重要性。

首先要同理孩子害羞的心理，可以這樣告訴孩子：「是啊！要跟初次見面的陌生人打招呼，感到尷尬和困難是正常的。」不要將話題聚焦在孩子不願意打招呼的行為上，而是要告訴他們，感到焦慮和害羞並沒有錯。

第三，父母要先示範打招呼的模樣。

從孩子的角度來看，如果不是經常看到的長輩，他們可能會分不清楚需要向誰打招呼。如果遇到的是不常碰面的人，他們甚至可能不記得對方是誰。

倘若父母告訴孩子：「應該要向這位叔叔問好啊！」然後不等孩子反應，父母就先開始跟對方打招呼寒暄，孩子可能感到更加害羞和尷尬，覺得打招呼很困難。相較之下，如果父母告訴孩子說：「爸媽會先向對方打招呼，你只要跟著說『您好』就可以囉！」這樣反而會更有幫助。

第四，透過圖畫書或角色扮演讓孩子間接體驗。

強迫孩子打招呼，可能會引起他們的反抗心，因此建議在適當的情況下，讓他們自然地學習打招呼。害羞可以透過增加自信感來克服，當孩子不斷累積小小的成功經驗時，他們的自信感也會隨之增強。

在家裡，父母可以和孩子一起閱讀「示範如何打招呼」的圖畫書，讓孩子模仿主角的行為，或者使用玩具人偶進行角色扮演來練習打招呼。建議可以假設一些常見的情境，向孩子提出問題、讓孩子練習回答的方法。

「如果有人問你幾歲，你該怎麼回答？」

「我五歲。」

「如果有人問你剛剛去哪裡了，你會怎麼回答？」
「我剛從幼兒園回來。」

請試著和孩子玩角色扮演遊戲，只要多加練習，孩子的害羞感自然會減少，也會增加自信感，而當孩子成功地按照練習的方法向人打招呼時，就要積極地給予稱讚。角色扮演的方式可以幫助孩子想像日常生活中未曾經歷過的情境，這對於他們的成長非常有益。

我想要自己一個人玩
——經常獨自玩耍的孩子

同儕關係是家長相當關注的核心議題。當孩子表示自己喜歡獨自玩耍時，父母會擔心孩子的社交能力。為此，父母可能會與其他家長約好時間一起去遊樂場或親子餐廳，讓孩子有機會跟其他小孩玩耍，孩子卻表示：「爸爸！我想自己一個人玩，我不想出門啦！」這時候父母還得勸說孩子：「我們已經跟人約好了。去那裡跟大家一起玩吧！」而當孩子從托兒所或幼兒園回來時，父母也會關切地詢問：「今天和誰一起玩呢？」每天不斷重複問一樣的問題。

如果孩子總是獨自玩耍，父母就會擔心孩子未來去學校讀書會不會產生問題。

「老師，我家孩子平常和其他小朋友是怎麼相處的？」

「有其他孩子邀請你家孩子一起玩，但他會表示想一個人玩；如果勸他加入其他孩子之中，他也會說想要自己一個人玩。」

在正常的狀態下，孩子與同儕互動的能力通常在三至五歲開始發展，而在這個階段之前，孩子獨自玩耍是很正常的情形。等成長到特定的年齡時，大多數的孩子就會自然而然地感受到與同儕一起玩耍的樂趣，他們也會在遊戲過程中學習團隊合作和解決衝突的方法，藉此培養出社交能力。

然而，並不是所有的孩子都喜歡與同儕一起玩耍、相處，有些孩子可能在小學低年級時才開始參與同儕間的遊戲。若孩子與其他小孩的互動不甚良好，也沒有必要過於擔心，因為這取決於孩子的個性特質，有些孩子可能更喜歡與自己相處。

喜歡獨處的孩子的內心世界

在遊樂場或幼兒園裡，我們經常看到一些孩子獨自玩耍。他們通常會自己一個人看書、繪畫、拼拼圖；即便與朋友在一起，他們也喜歡安靜的活動，例如堆積木。

當我安靜地獨處時，我的心情會比較舒適。我覺得一個人玩耍更開心，不知道為什麼非得跟其他人一起玩。朋友們玩的東西對我來說並不有趣，我更想做自己覺得有趣的事情。

年幼的孩子更喜歡獨自安靜地度過時間，這讓他們感到更愉快、心情更輕鬆。有些孩子會覺得沒必要跟其他孩子一起玩耍，對其他孩子也不太感興趣。在交朋友時，他們認為朋友只要有一兩個就夠了，不需要很多。

他們不是那種會積極地靠近別人、想要交新朋友的類型，但在適當的情況下，他們也會認真融入團體中。孩子喜歡自己一個人玩，並不代表他們對朋友不感興趣，或許他們在獨自玩耍的同時，也正留意其他孩子在玩什麼。

如果孩子平常都和朋友玩得很開心，某一天卻突然自己一個人玩耍，可能會讓人有點擔心，但也無需過度嚴肅看待，因為在和朋友們相處的過程中偶爾會產生衝突，孩子可能需要一些獨處時間來思考如何解決，所以這並不是什麼大問題。

幫助孩子與朋友相處的方法

站在父母的角度，當看到孩子喜歡獨處時，可能會擔心他們的社交能力是否沒有良好發展。然而，若因為擔心就過度催促孩子，可能會導致他們更退縮，因此最重要的是站在孩子的立場思考，搭配孩子的成長節奏。

第一，接受孩子原有的個性，父母此態度至關重要。

重視社交能力的父母，看到難以和同儕相處的孩子時，可能會認為孩子有問題，並試圖催促他們去交朋友。然而，這樣做可能會導致內向的孩子壓力很大。孩子看著父母的表情和語氣，可能會認為自己不被父母接納，甚至覺得父母不喜歡自己。不論任何事情，如果是用強迫的方式進行，就像是讓一個人穿上不合身的衣服，迫使他們模仿其他人的言行舉止。雖然這麼做是希望孩子能培養社交能力，但卻可能讓孩子認為自己有問題，進而變得更加畏縮、產生自卑感。

我們家老大五歲時，喜歡在幼兒園裡玩辦家家酒、編故事，也喜歡創建自己的遊戲規則。其他同年齡的朋友喜歡四處跑跳玩耍，我家孩子卻連在玩紙牌遊戲時也要自己制定規則，讓其他小孩子原本想要跟他玩，卻常常因為他遊戲規則的解釋很複雜而失去興趣、轉身離開。

某一天，在入睡之前，孩子向我傾訴了他的煩惱。

「媽媽，我想和其他人一起玩，但我沒有很熟的朋友。我一個朋友邀請了其他朋友去家裡玩，我請他也讓我一起去，卻被拒絕了。」

我心中一沉，我家的孩子經歷了被朋友拒絕的經驗。回想起來，我家孩子曾經有一位好朋友，但在那位朋友搬家後，他在幼兒園就找不到人可以一起玩擊鼓遊戲。

面對孩子沒有親近朋友的困擾，我開始思考該如何回應。最終，我告訴他說：「朋友沒有邀請你，你一定很難過吧！不久前媽媽才和老師通電話，老師說你不是沒有親近的朋友，而是和班上的每一個同學都相處得很好呢！」

孩子聽完我說的話後，表情變得明亮，回應道：「是嗎？」在這個時期，孩子會相信父母的話，並且全盤接收父母的反應，因此與其專注於孩子的問題，不如換個觀點來跟孩子對話。

「老師說你和所有的小朋友都相處得很好。媽媽跟你說過，要均衡地吃各種食物才能變得健康對吧！因為你和朋友們全都相處得很好，所以你看起來也很健康喔！你認為呢？」

「對，我喜歡和朋友們一起玩，尤其是能夠玩我喜歡的遊戲時。」

第二，鼓勵孩子嘗試去找喜好相似的朋友。

「為什麼你都不和朋友們玩呢？你應該和其他小朋友玩在一起才對啊！」這樣的說法可能會降低孩子的自尊心並產生負面效果。與其責備孩子，不如觀察孩子喜歡的遊戲，引導孩子去玩類似的遊戲，或者找機會讓他跟喜好相似的孩子互動，這可能會更有幫助。一開始可以先讓孩子和一兩位朋友短暫玩一下，然後逐漸增加朋友的數量以及相處時間，讓他們習慣交朋友的過程。

但最重要的，還是孩子的意願。父母不要因為不安和擔心，就急於幫孩子解決問題，應該要先詢問孩子是否想和朋友們一起玩。雖然孩子獨自玩耍，可能會感到孤單或沮喪，但若因此就逼迫孩子，只會讓孩子產生反感。就像一開始學騎腳踏車時，需要嘗試好幾次才能抓穩平衡一般，孩子交朋友也需要時間，無法按照父母的期待急切達成。

第三，瞭解孩子對朋友的看法。

父母有必要和孩子對話，以確認孩子是否對朋友持有負面看法，或者喜歡玩遊戲的方式跟朋友有所差異，同時也要仔細觀察孩子，詢問他是否有需要幫忙之處。這麼一來，孩子有時候會坦白說出「朋友會搶我的玩具」或「我比較喜歡自己一個人畫畫，因為朋友常常弄壞我的積木」這類的想法。

第四，讓孩子透過角色扮演，感受主導權並提升社交技能。

有時候，孩子會自問自答，獨自進行角色扮演。這種一人的角色扮演遊戲可以幫助他們練習或複習不同的社交情境，是一個有意義的活動，父母可以安心觀察。

當孩子無法向朋友全然表達自己的想法，或者在朋友之間處得不自在時，可以鼓勵孩子透過角色扮演來進行練習，讓孩子主導整個情境，藉此獲得滿足感和樂趣。當父母判斷孩子已經花了足夠的時間獨處時，父母就可以介入、擴大成為兩人遊戲，但此時最重要的還是提供孩子主導權。

PART 03

孩子為什麼說出趣味性的言語？

以「積極傾聽法」為原則 增強孩子的幸福感

不熟練的言語中蘊藏著孩子真實的內心

「我的內心很不安，實在無法待著不動。」

「我好難過，沒辦法專心。」

「這件事讓我很辛苦，請幫幫我吧！」

「看看我！很好笑吧！」、「哇！這個看起來好有趣！」有些孩子不管去到哪裡都能夠惡作劇、尋找有趣的事物。「我現在可以玩了嗎？」、「我們去遊樂場吧！」有些孩子則像是把一切重心都放在玩耍上。「我不想再跳芭蕾了，我想去踢跆拳道！」對許多事物都充滿興趣的孩子，很有可能不是饒富學習熱忱，而是無法專注精神在一件事情上。

這樣的孩子會希望能夠在當下、當場感受到快樂，他們非常重視「快樂」和「有趣」。他們喜歡和多個朋友一起玩耍；與其遵從指示或計畫，他們更喜歡做自己想做的、自己覺得有趣的事情，行動力也很強。他們具有豐富的想像力和創造力，這使得他們在任何情況下都能適應並保持積極態度，也充滿熱情和冒險精神。充滿活力的孩子會帶來歡樂氛圍，和他們待在一起時總是很有趣。

另一方面，這樣的孩子可能會覺得制定長期計畫並付諸實踐十分困難，因此我們需要不斷賦予動力，讓孩子能持之以恆地堅持下去。那些總是不斷改變目標、思考各種可能性的孩子，往往容易分散注意力，需要多加留意。

透過下述一些問題，我們可以更加瞭解自己的孩子。請試著向孩子提問，也實際觀察孩子在哪些情況下會感到喜悅、歡樂，更具體地瞭解孩子的快樂來源。

・你和爸爸媽媽一起做什麼事情時，會感到有趣？
・爸爸媽媽對你做哪些事情時，你會感到幸福？
・從1到10，今天感受到的趣味和幸福指數是多少？

每一位學者對於「興趣」的具體定義，可能都有些微的差距，但基本上，「興趣」是指孩子們透過某種活動感受到喜悅或正面情緒。興趣除了感受快樂和喜悅的「情緒屬性」之外，還包括讓行為持續進行的「動機屬性」，以及提高注意力的「認知屬性」。總括來說，興趣是「藉由參與某項活動獲得喜悅的體驗」，對孩子們來說非常有價值。

「讓孩子體驗興趣」這件事具有教育價值，其中包括三個層面。第一，興趣有助於減輕身心的負面狀態，使人回到原本狀態，也就是回歸喜悅的日常生活。興趣可以發揮這種生物學的機能。第二，從認知發展的角度來看，當人感到快樂時就會沉浸其中，體驗到最佳的學習狀態。換句話說，不需要依賴外部獎勵，只要透過活動感受到意義，便能提高滿足感。第三，以強大的自信心為基底，興趣可以引導人持續行動。

有些遊戲可以輔助學習，興趣則可以提高學習動機，同時降低學習的壓力。

那麼，我們的孩子現在是否覺得生活很有趣呢？每個家長都希望孩子幸福快樂。然而，在諮商的過程中，我們經常會看到這種時態是「未來式」，而非「現在式」，但如果孩子現在並沒有經歷到樂趣、喜悅和幸福，又如何在未來獲得幸福呢？

我有時候會思考，在韓國社會中，父母要放下焦慮和不安的心，單純地守護孩子的快樂該有多麼困難呢？然而，幫助孩子獲得樂趣是非常重要的，那些充滿樂趣經歷的孩子，可以帶著幸福感生活下去。在成長過程中感受到幸福感的孩子，將擁有克服挫折的力量和冒險精神，自信心很高，社交能力也很卓越。

那麼，該如何給予幫助，孩子才能變得快樂呢？正向心理學認為「每個人開發自己的優勢，並對當下所做的事情感到全然滿足。」這種狀態可視為幸福。儘管會受到物理環境、個性特質差異等多種因素的交互影響，但其實父母與孩子之間的關係，對於孩子的成長和發展具有最決定性的影響。因此，在本章中我們將探討孩子經常使用的快樂言語，並透過不同的事例，具體瞭解維持孩子幸福感的訣竅。

一起去遊樂場！一起玩吧！

——總是想要四處玩耍的孩子

職場媽媽在週末經常忙於未完成的家務事。縱使韓國四季分明，擁有令人賞心悅目的自然變化，但自從成為媽媽後，我突然產生了一個想法：如果整年都是同一個季節該有多好，我就不必每個季節都整理衣物了。

不過，每逢週末，孩子們總是想拉著爸爸媽媽一起玩耍而滿心期待地說：「爸爸媽媽，陪我玩！我們去遊樂場吧！你們快點出來！」孩子們已經站在門口穿好鞋子，迫不及待地要出門了。

幾乎沒有父母不知道，充足的遊戲對孩子的成長至關重要。然而，由於工作繁忙、感到疲倦，或因應COVID-19或流感等疫情需要避免到人多的場所等等原因，許多父母經常無法充分陪伴孩子遊樂。有時，父母可能會牽著鬧情緒的孩子出門，但到了遊樂場才發現遊樂設施已經關閉，只能折返回家。

孩子們渴望與父母一起玩耍，尤其是遊樂場。遊樂場這個空間可以帶給孩子最大的樂趣。孩子大約在十八個月大時，會正式開始探索這個世界，即使不太會說話，依然會表達出要拉著爸爸媽媽的手出去玩的渴望。在二歲以後，孩子的身體會不斷成長，他們想要去戶外釋放能量。到了三歲時，他們開始玩想像力遊戲，將經驗和想像融合在一起，讓遊戲變得更加豐富有趣。

等到孩子四歲時，孩子的想像力遊戲中加入了角色扮演，遊戲的主題和情節也更具創意。到了五歲時，遊戲的規模擴大，許多孩子一起為了達成目標而合作。在這個階段，孩子會用遊戲來呈現他們的日常經歷，並模仿周圍長輩的行為，提升與他人的交流能力。透過各種角色扮演遊戲，孩子們可以更好地理解自己、父母和朋友等周圍世界中的各種角色。他們開始對「與朋友互動」產生興趣，逐漸掌握與他人互動的技巧，學會合作、關心或讓步等社交能力。

根據二〇一九年由方定煥基金會與延世大學社會發展研究小組合作的「兒童幸福指數研究」，韓國在經濟合作暨發展組織OECD的二十二個國家中排名第二十，這句話就跟「韓國兒童的幸福指數每年都位於最低水平」沒兩樣。根據健康保險審查機構的調查結果，二〇一七年至二〇二〇年間，兒童憂鬱症患者從六千四百二十一名增加到九千六百一十二名，在三年間就增長了四九點八％（以五至十四歲的兒童為標準）。

此外，根據二〇一九年「救助兒童會Save the Children」和首爾大學社會福利研究所合作進行的「國際兒童生活品質調查」，韓國兒童的生活品質在三十五個國家中排名第三十一名，位於最低水平。

因憂鬱症所苦的孩子數量至今仍在持續增加，其中「私人教育」和「物質至上主義」所帶來的壓力對此有著重大影響。在前面提到的研究中，當問及孩子們「為了幸福所需要的事物」時，回答物質價值（金錢、成績、資格證照等）的佔比是三八點六％，比重最高；而關係價值（家人、朋友等）佔比為三三點五％；個人價值（健康、自由、宗教等）則佔比二七點九％，比重最低。值得注意的是，回答「關係價值」的孩子們，他們的幸福指數相對較高，這說明了父母關係對於孩子在減輕壓力方面扮演了極為重要的角色。

一九九一年韓國批准的《聯合國兒童權利公約UNCRC》第三十一條第一項和第二項規定了兒童的遊戲權和娛樂權，明確保障了「兒童享受休息、休閒、參與適合自己年齡的遊戲和娛樂活動，自由地參與文化生活和藝術活動的權利」。孩子的第一個玩遊戲對象是父母。對孩子而言，「與父母一起玩耍」是一種愉快且重要的互動經歷，可以讓孩子成長為社會的一份子、培養社交能力，特別在嬰幼兒時期，父母一同參與在孩子的遊戲中是絕對必要的。

孩子們需要直接積極地參與「體驗」活動，而非僅是觀看和聆聽。當孩子們感到「快樂」時，才能夠記憶得更長久且有所學習。此外，遊戲在幼兒時期扮演的角色特別重要，因為孩子會對一起玩遊戲的人產生依附關係，進而建立和強化孩子「依附關係的基礎」。

你們家的孩子喜歡玩什麼樣的遊戲呢？他們是否能夠用有創意的方式玩遊戲呢？讓我們持續觀察孩子的遊戲表現吧！透過觀察可以幫助我們更深入地認識他們。

想出去玩耍的孩子的內心世界

大多數孩子都喜歡戶外遊戲，尤其是那些天性活潑的孩子，遊樂場對他們來說是最大的樂趣所在。在這裡，他們可以盡情奔跑、歡笑和大聲說話，而且事實上成年人也喜歡寬闊的地方。即使是相同的遊戲，在戶外進行更有趣，這是因為戶外遊戲更加刺激，也可以喚醒孩子的好奇心。

在遊樂場，我可以跑得更快。
遊樂場裡有許多朋友，也有很多令我感到開心的事情。
當我爬上溜滑梯時，我可以從上面看著媽媽；
當我從溜滑梯上滑下來時，我可以感受到風，感覺很刺激。
當我在鞦韆上來回搖動時，周圍的世界也跟著搖晃，
建築物似乎也跟著我一起移動，這感覺真奇妙。
這樣的體驗只有在這裡才能感受到。
當我坐上蹺蹺板，朋友下降的同時，我感覺自己快要飛向天空。
遊樂場能一直讓我充滿歡笑，我超愛遊樂場。

孩子們在成長過程中，開始學會控制自己的身體，也具備了身體協調能力和感知能力，他們自然而然會產生信心，想要跑得更快、跳得更高。遊樂場就是一個可以挑戰和冒險的地方，讓他們可以測試自己的極限，而且在充滿好奇心地自由玩耍時，轉眼間半小時就過去了，晚餐時間也悄然降臨。

將遊樂場打造成孩子舞台的方法

一起來知道幾個能和孩子更愉快地在戶外玩遊戲的重要方法吧！

第一，讓孩子發揮探索的慾望和好奇心。

外面的世界比家更寬廣，有很多神奇的東西，像是有人在遛狗，路邊有小花和樹木，地上有螞蟻在爬，偶爾還可以探索在草地上稍作停留的鴿子或麻雀。今天是誰來遊樂場呢？讓孩子帶著對新朋友的好奇心走向遊樂場吧！在帶孩子去遊樂場前，可以試著問一些問題，幫助他帶著好奇心來探索。

「今天去遊樂場的路上會遇到什麼動物和昆蟲？什麼花和朋友呢？」

「我想再看上次遇到的黑貓。」

「今天天空的雲是什麼樣子？」
「希望今天是半月形。」
「為什麼希望雲是半月形？」
「嗯，上次月亮不是半月形嗎？所以如果雲也是半月形就會很有趣。」

第二，讓孩子在遊樂場盡情體驗新的感覺。

兩歲後的孩子大肌肉開始發達，會透過跑、滾、跳來活動全身，但是還無法精準控制，所以在家中父母會擔心吵到鄰居而總是叫孩子「不要跳」，但是在遊樂場可以盡情跑跳、自由活動、體驗多種感覺，非常刺激，這些是在家中很難體驗到的。孩子活動身體時會感受到刺激，著迷於新的體驗。

第三，鼓勵孩子積極使用多種遊樂設施，並開發新的遊戲。

除了一二三木頭人、鬼抓人、躲貓貓、丟擲遊戲、紙飛機、踩影子、跳格子等已經熟悉的遊戲之外，孩子也可以玩盪鞦韆、蹺蹺板、溜滑梯，或是自行發揮創意來發明新的玩法、制定新的規則。孩子們在這些過程中會培養出等待、讓步、為對方著想、守規則等能力。另外，必須學會安全玩耍的方法才能玩得更愉快。

下面是以「找東西」為主題而設計的遊戲。各位可以根據家庭情況運用，跟孩子一起度過愉快的時間。

尋找拼圖

1. 購買沒有圖案的拼圖後畫出圖案。
2. 在孩子玩的過程中，把拼圖藏在遊樂園各處。（最好能配合孩子的身高，放在他看得到的地方）
3. 拿出拼圖板，鼓勵孩子找出拼圖並完成拼圖。
4. 家人可以齊心協力完成一個拼圖，或是準備各自的拼圖再一起完成。

尋找任務

1. 先讓孩子問家人想要的東西，寫在紙上帶去遊樂場。
舉例〉幫爸爸按摩、哥哥和弟弟擁抱五分鐘、跟媽媽一對一約會、買冰淇淋、三十分鐘玩遊戲券等。
2. 把紙張藏在遊樂場各處，再讓孩子去尋找。
3. 讓孩子使用自己找到的任務紙張。

＊也可將地點設定在家裡客廳或孩子房間後進行。

第四，尊重孩子尋找新遊戲玩法的創意。

孩子早上一睜開眼睛就要求去遊樂場，平常可能會拒絕不了而出門，但在流感或COVID-19等流行病盛行，或是因沙塵、懸浮微粒等導致空氣品質不佳時，就不能答應孩子的要求。

「今天要不要玩水呢？」我家孩子非常喜歡玩水，喜歡的程度跟戶外遊戲不相上下，因此無法出門的日子，我就會讓孩子在浴室自由地玩水。

等孩子玩水玩了三十分鐘左右後，我進入浴室看到不知名的白色物體倒得滿地都是，嚇了一大跳。難道孩子把洗髮乳或潤髮乳擠出來灑在地板上嗎？

「這是什麼？」

「因為很無聊，我想要玩得開心一點，就拿衛生紙來玩了。」

原來地板上布滿的白色小團是衛生紙呀！看到衛生紙在地板各處融化的樣子，我感覺到孩子玩得很開心。果然，孩子們都是遊戲天才，他們不會總是侷限於一樣的玩水方式，而是會找到新的遊戲方法，孩了們是充滿創意的存在。

看看我！我很好笑吧？——喜歡調皮搗蛋的孩子

你家的孩子會模仿有趣的猴子，手舞足蹈地在你面前跳起舞來嗎？養育孩子是一項身心都很具挑戰性的工作，然而，當孩子越來越喜歡逗樂父母時，養育的過程就變得不那麼辛苦了。這種俏皮、可愛的模樣是孩子贈送給父母的禮物，也是只有在孩子身上才能獲得的獨特體驗。

「媽媽，看看我！我很好笑吧？」

孩子會透過調皮搗蛋來釋放能量，也會藉此滿足好奇心和探索的慾望。

孩子想要惡作劇是非常正常的心理反應，但有些情況下這可能會讓父母感到困擾。如果有其他成年人在場，孩子卻拉下褲子並學蠟筆小新跳起「嗚啦嗚啦」的舞蹈，父母就應該給予教導。孩子們會透過父母的反應來區分哪些惡作劇可以做，哪些不可以。換句話說，孩子們也需要時間來瞭解惡作劇的底線。此時，判斷是否允許惡作劇的標準取決於「這是否會對其他人造成傷害？」、「是否存在安全疑慮？」以及

「是否會對人際關係產生負面影響？」等等。

根據統計，孩子從出生後二至三個月開始，笑的次數增多，一天會笑四百次以上；到六歲左右約為一天笑三百次。然而，成年後，笑聲逐漸減少，平均每天只有十四次，甚至有很多人一整天都不笑。

成為父母後，能夠找回笑容的原因就是孩子。科學上也證明，當父母聽到孩子的笑聲時，大腦會活躍起來。當孩子對著父母笑時，父母大腦中的愉悅迴路會被激活，進而感到喜悅，並激發出更多照顧孩子的動力。此外，父母會渴望看到孩子更多的笑容、想聽到孩子更多的笑聲，他們會對孩子的笑聲上癮，沉浸在幸福感中。

從孩子的角度來看，笑聲有助於建立與父母之間穩定的依附關係，並促進大腦機能的健康發展。各位一天會笑幾次呢？在生活中是否充滿著孩子的笑聲呢？

喜歡調皮搗蛋的孩子的內心世界

孩子除了在嘗試有趣的遊戲時會調皮搗蛋，在感到無聊時也會故意惡作劇。孩子試圖透過輕鬆的惡作劇，引起父母或周圍人的關注，展現自己的存在感。用惡作劇的方式引發其他人的反應，對孩子來說非常有趣。

跟我玩啦！請關心我一下，看看我嘛！

因此，當孩子的惡作劇行為變得越來越嚴重時，應該更加關注他們，並多加陪伴。孩子們透過與父母的互動建立依附關係，如果這個需求得不到適當的滿足，他們可能會刻意加劇惡作劇的行為以填滿這種需求。對孩子來說，沒有比和父母一起玩更好的事了。

讓孩子和對方都玩得開心的方法

有什麼育兒祕訣可以建立健康的關係，讓孩子感到愉快，同時也讓其他人感到有趣和開心呢？孩子模仿猴子或其他動物，或者做有趣的鬼臉和表情，這些都是非常可愛和討人喜歡的行為。但是，當孩子一直模仿他人講話，或者拿別人的身體或特徵開玩笑，說出「媽媽是河馬」這類讓人感到不悅的言語時，就需要進行適當的管教。

有些孩子可能不明白他們的惡作劇會讓他人感到不舒服，甚至有些孩子喜歡看到他人感到慌張或困惑的神情。儘管惡作劇的起因不盡相同，但在這兩種情況下，都需要向孩子說明「可以做的惡作劇」和「不可以做的惡作劇」，讓他們得以分辨。要特別注意的是，如果父母回應時帶有情緒，孩子反而不會意識到自己的錯誤，只想避開父母。

在兄弟姐妹之間，最初可能只是在開玩笑，但如果玩笑傷害了彼此的心情，就可能演變成爭執。如果起初的本意只是單純地想要開心玩耍，但卻誤傷了他人的情感，那麼我們應該堅決地指出問題。倘若孩子的惡作劇已經變得相當嚴重，父母的反應卻讓孩子誤以為「父母覺得很有趣」，可能會讓孩子把這種行為變成習慣。

我們固然要理解孩子惡作劇的行為，但不能接受逾矩的惡作劇，任何事物都有適度的界線。現在就來具體瞭解，該如何在保持適當界線的情況下讓孩子快樂玩耍。

第一，提供活動來釋放和分散孩子過於旺盛的能量。

體力旺盛的孩子，可能會用過度的惡作劇來釋放能量。由於他們在釋放能量方面尚未熟練，因此幫助他們調節能量是非常重要的。我們應該協助孩子持續參與能夠釋放和分散能量的活動，而不是盲目地禁止或責罵他們。

建議可以讓孩子參與跆拳道、足球、跳繩等體育活動，以及音樂演奏、美術等多樣化的體驗活動，讓孩子有機會表達他們的需求。當釋放能量的管道變多時，孩子就可以學會如何適當地調節他們的需求。

第二，掌握孩子過度惡作劇的原因，並搭配情況做出適當的反應。

對孩子來說，遊戲是生活的一部分，也是學習生活方式和智慧的重要工具，可以使身心健康成長。如果孩子能夠自發性地、積極且愉快地玩耍，他們對遊戲的渴望就會得到滿足。

然而，如果父母無法花足夠的時間來滿足孩子的遊戲需求，孩子就可能會透過惡作劇來尋求關注，特別是當他們無法用言語適當表達時，就可能會用過度的惡作劇來表態。在這種情況下，即使被斥責，孩子也會以為那是一種關注，並反覆採取相同的模式，導致惡作劇變得更為嚴重。

這種時候，固然要同理孩子想玩耍的心情，但也要予以制止，避免演變成逾矩的行為。請清楚地向孩子說明為什麼不能開這種玩笑，告訴孩子其他替代遊戲或行為，這也有所幫助。

「為什麼要脫掉褲子跳屁屁舞呢？」

「因為媽媽都不看我，我想和媽媽一起玩。」

「啊！原來如此，但是你不能把你寶貴的身體展示給別人看，別人會覺得不舒服。下次請你一定要和媽媽說：『我想和媽媽一起玩，我們一起玩吧！』。」

有些孩子是因為不知道自己的玩笑會帶給其他人什麼樣的感受，所以才一直開玩笑。四至五歲還處於自我中心性很強、社交能力和共鳴能力尚在成長的階段，所以不太能瞭解別人的感受。孩子無法判斷可以開玩笑到何種程度，所以有時會做出不成熟的舉動或者逾矩，甚至有時候孩子是因為想親近對方才開更嚴重的玩笑、做出更調皮的行為，但反而讓朋友愈加疏遠。

此時，與其直接訓斥孩子，不如教導孩子「就算只是開玩笑，也要向對方道歉」。如果孩子還沒有親自道歉過，也可以教孩子該怎麼表達，例如幫助他用信件或小禮物傳達真心。必須讓孩子明白，無論再怎麼愛開玩笑，我們都應該保持界線，不要讓對方心情受傷。縱使是大人也難免因為不瞭解對方的心情而犯錯，所以我們更應該要教導孩子：道歉是一個既勇敢又出色的舉動。

您已經罵完了，我現在可以去玩遊戲了嗎？

——滿腦子只想玩樂的孩子

「我家孩子總是在責備完他之後馬上笑著問：『爸爸，現在可以去玩了嗎？』孩子笑得非常燦爛，讓我覺得有點荒謬，甚至產生『莫非孩子輕視父母？』的想法。放學回家後，比起做功課，他更常以玩樂為優先。」

我經常從家長那裡聽到這個困擾。在漫畫、卡通裡，我們肯定都看過父母對孩子嘮叨，孩子卻左耳進、右耳出的畫面。當父母訓話結束時，孩子卻開心地笑著說：「爸爸，你話都說完了，現在我要去玩囉！」這種反應往往使父母感到荒謬不已、難以理解，有時甚至不知道該說什麼而笑出來。

孩子在被責備的當下，腦中可能正在思考父母講完後自己要玩什麼遊戲。父母講話的時間一旦拉長，孩子可能會認為父母是在說教，並開始想像這段時間結束後，可以做什麼有趣的事情，因此對於這樣的孩子，用簡單明瞭的話語來表達更加有效。

有時候父母可能會感覺孩子在忽視他們的話，或者認為孩子沒有意識到自身的錯誤。然而事實是「這些孩子的腦中有九八%都充滿了想玩耍的念頭」，所以不只是在受到父母指責時，甚至在入睡時，想玩耍的念頭依舊盤據在他們的腦袋裡。

三至五歲的孩子喜歡想像力遊戲，也會沉浸在自己的遊戲世界中。遊戲對大腦的發展至關重要，孩子可以透過遊戲感知到他人的情緒，並培養以有創意的方式來解決問題的能力。

尤其是那些極具天賦，喜歡透過遊戲發揮想像力的孩子，遊戲幾乎佔據了他們生活的絕大部分。他們需要更多充實的遊戲體驗，讓這樣的孩子把作業或需要完成的任務視為遊戲式體驗，對他們有很大的幫助。事實上，如果這個年紀的孩子不玩遊戲，那才是更大的問題。

最近的腦科學研究還表明，玩遊戲在培育孩子全方位發展方面扮演著重要角色。孩子需要玩遊戲的時間，可以讓他們自己規劃和提案、與同儕互動。遊戲提供了孩子自主選擇的機會，也是對於「自己」以及「圍繞在自己身邊的世界」有所體驗和學習的管道。玩遊戲也有助於培養決策技能，如搜尋資訊、尋找替代方案、考慮後果、承擔責任等等，同時也能培養孩子的認知能力、探索能力以及自我調節能力，使他們能夠自主做判斷、下決定並解決問題。

專門研究青少年心理的美國心理學家莉薇・福格Livy Fogle指出，當父母對於孩子玩遊戲表示支持時，孩子就能夠主動地參與遊戲，也會產生動力，在遊戲過程中挖掘出自身的潛力。相對地，如果父母認為遊戲對孩子的成長不重要，在這種態度下成長的孩子可能會難以融入要跟同儕一起玩的遊戲，並表現出疏離的傾向。以上闡明了父母對遊戲的看法會影響孩子參與遊戲的態度。

每天只想玩遊戲的孩子的內心世界

孩子們應該要好好玩耍，玩遊戲就是孩子的「工作」，就像我們每天都要吃飯一樣，孩子每天都需要藉由玩遊戲來滿足他們的需求。因此，即使在受到父母責備的時候，有些孩子也只會左耳進、右耳出，腦袋一直想著接下來該如何玩遊戲。比起專心聽父母說話的內容，他們更可能專注於父母的表情和語調，一邊在腦中想著其他事情，甚至延伸出有趣的想像。

被罵真的好無聊，我知道我做錯了，現在我可以做些有趣的事情了嗎？
我該玩什麼遊戲才會有趣呢？就拿《海底小英雄》來玩吧！
但是，媽媽的話還沒有講完耶！
那麼我可以跟海底小英雄搭漁艇去更深的海洋冒險嗎？
哎呀，天啊！媽媽好像很生氣！我該怎麼讓媽媽笑開懷呢？
媽媽的臉色越來越難看，聲音也變大了，好像巫婆喔！
對了，巫婆給了白雪公主一個蘋果，讓她睡著了。

培養有創意的遊戲方式

如果你正在養育這樣的孩子，可能會有許多歡笑的時光，但也會有很多荒謬的時刻。對於這種一心一意只想玩遊戲的孩子，我們需要以不同的方式來應對。

第一，好的「碎唸」可以改變孩子的人生。

我在為那些做父母的人進行教養教育時，詢問他們是否經常碎唸孩子時，他們很少會回答「是」，但只要詢問孩子，通常會得到父母經常對他們碎碎念的回答。很多時候，父母其實已經正在對孩子碎念，卻認為自己沒有這樣做。

「碎唸」並不負面，它擁有足以改變孩子人生的強大力量，但是必須要「好好碎唸」才行。大多數情況下，父母之所以會對孩子碎碎念，是因為孩子的錯誤行為挑起了父母的情緒波動。父母會在生氣的狀態下帶著情緒講話，充滿指責之意，但這麼一來，孩子內心會受傷。父母雖然暫時緩解了壓力，但隨著時間流逝，他們也會開始對孩子感到抱歉。

為了能「好好碎唸」，父母在講話時需要配合原本的目的。最適合碎唸的時機是在事情發生後立即給予責備，並且責備完畢就算是結束了。首先可以講出父母的情緒狀態，比如「我很生氣」、「我很失望」、「我嚇到了」等等，讓孩子做好心理準備要聽父母說話；接著解釋為什麼孩子的行為有問題，並提供希望孩子改進的替代方案。建議不要一直講重複的內容，也不要拿自己的孩子與別人家的孩子做比較，只要簡短地點出一兩個狀況即可。

「不可以在家裡面亂跑！樓下的阿伯被你吵得無法休息。」

「那我要怎麼像蜘蛛人一樣拯救人呢？」

「蜘蛛人不會在家裡面亂跑，只有在外面才會使用蜘蛛網嘛！你先花五分鐘想想該如何救人，等爸爸把碗洗乾淨後，一起去遊樂場扮演蜘蛛人吧！」

第二，確保孩子擁有遊戲時間和遊戲空間。

孩子總是在想「今天要玩什麼？」但父母卻不太會思考「該如何幫孩子安排遊戲時間？」尤其是當孩子進入國小後，寒暑假的計畫經常只有讀書而忽略掉遊戲時間。

如果沒有計劃玩遊戲的行程，孩子陷入電玩和社交媒體中的可能性就會變高。雖然每個孩子玩耍的方式和喜好的遊戲都不同，但大家都擁有一顆渴望玩耍的心。有些父母會給予孩子充足的玩耍時間直到小學低年級為止，但當孩子長大到高年級，就會減少他們的玩遊戲時間。然而，要確保孩子擁有玩遊戲的時間，就像每天都有設定好的學習分量一般，必須有計劃地將玩遊戲時間也安排進一天的行程中。

孩子們對遊戲非常認真。我們家八歲的老大在晚上十點，也就是該就寢時間中，突然說：「媽媽，我也需要獨自玩遊戲的時間。」他接著跑到書桌底下，拿出十個小紙片，開始自言自語地玩起來。

在這樣的日子裡，即使孩子得晚一點入睡，也要給他大約三十分鐘的獨自玩遊戲時間。孩子獨自玩耍時，可以盡情地玩自己想玩的，這時間對他們而言非常寶貴。雖然孩子在幼兒園或學校中可以與朋友玩耍，但可能無法盡情玩自己想玩的遊戲，所以就算讓孩子獨自玩耍會導致睡覺時間變得稍晚一些，也希望父母能夠對孩子說「嘗試看看吧！」而非「不要這樣做！」。期望父母們都能以正面積極的態度接納孩子玩遊戲這件事。

第三，胡思亂想的孩子看待世界的方式不同。

法國繪本作家馬里．多爾良Marie Dorléans繪製的作品《胡思亂想On dirait que...》是關於一位經常產生奇妙幻想的孩子的故事。這個孩子從小就喜歡長時間想東想西，而他想東想西的成果使他成為了一位偉大的作家。

我們是否曾經抹殺孩子保持好奇心、專注於獨特想像力的機會呢？人們常常將「胡思亂想」跟「注意力散漫」或「專注力低落」劃上等號，但事實上「胡思亂想」是一種富有創意的思維方式，讓我們用與眾不同的角度來看待世界。

第四，必須先把玩具清空，充滿創意的遊戲才會蹦出來。

在幼兒時期，父母常常認為孩子在玩遊戲時需要他們在旁參與，或者要有玩具才能玩。但實際上，當父母沒有參與其中，或者沒有任何玩具可用時，孩子們會發揮他們的創意，創造出自己的遊戲。

孩子需要有放空的時間，他們才能發明出真正有創意的遊戲，但有些父母無法忍受孩子閒晃、發呆或無所事事的模樣。其實，在閒暇的時間裡，才能深入思考該如何玩遊戲，也能產生新的想法。請提供孩子一段留白的時間，讓他們自己填滿它。

第五，體驗活動的目的是互動而非學習。

許多父母期望透過各式各樣的體驗活動來豐富孩子的生活經歷。然而，如果將體驗活動的目標設定為學習，父母們可能會在整個體驗過程中變得很忙碌，不斷地主導說「哇！這感覺很有趣！」、「你試試看這個！」、「你看那個！」雖然父母的美意在於引導孩子保持好奇心，但這樣的做法可能會妨礙孩子自主發展興趣的機會。

許多時候，父母只是一味地給予，卻沒有耐心等待孩子的回應。最好的方法是稍微退後一步，觀察孩子對什麼東西感興趣，並將目標放在「與孩子互動」。即使等待孩子有所反應需要一些時間，也應該要耐心等待，並以孩子的視角來參與體驗活動。

我不想再跳芭蕾舞了！我想學跆拳道
——經常轉變興趣的孩子

「我家孩子經常改變他的興趣。當他對一個項目開始上手後，又會對其他項目產生興趣，不繼續學原本在學的東西，反而表示想學別的。」

「芭蕾舞、足球、樂高、數學、美術……孩子全部都感興趣，但行程表就會變得太滿，我很擔心。我應該讓孩子學所有他喜歡的項目嗎？」

有些孩子的興趣只能維持短短的三到六個月，這些不斷想學習新事物的孩子，自然而然地會獲得各種多樣化的經歷。有些父母為了促進孩子的感官發展，讓他們參加各種體驗，但卻常常見到一種情況：孩子在成長的過程中，想學習的事物逐漸增加，當父母允許他們一一地參與時，每週的行程不知不覺就被各種活動塞得很滿。父母雖擔心孩子會不會感到吃力，內心卻又希望繼續支持孩子想做的事情。

「趣味」是從生命的早期就表現出來的基本情感，讓我們對新的刺激或環境能夠立即作出反應。興趣的發展受到外在環境的影響很大，因此應該適當地調整環境，透過外在支持和與父母的互動，孩子便可以在許多領域中體驗到興趣和樂趣。父母應該為孩子提供多樣化的體驗，然後觀察孩子對哪些方面感興趣。

閱讀書籍、繪畫、進行科學實驗、組裝玩具、唱歌……在這些活動中，您的孩子對哪一個領域展現出興趣和充滿專注呢？孩子們在體驗多種活動後，會逐漸對特定領域產生興趣，並在這個過程中發掘自己出色的天賦。

什麼都想嘗試的孩子的內心世界

對於一項活動感興趣的時間較短，希望嘗試各種體驗的孩子，他們心中持有著什麼樣的想法呢？在本身的個性特質上，對於樂趣和幸福的需求較於強烈的孩子，無論接受了何種教育，他們總是會用「感受到樂趣」的程度來做出選擇。因此，當他們覺得某件事不再帶來樂趣，或者對之前好奇的事情已經探索到一定程度時，他們就會考慮停止。

這樣的孩子可能會認為自己已經學得夠多，或者覺得學習的難度太高或太低而失去興趣。即使孩子是因為覺得其他東西更有趣而想要轉換，他們也可能很快又轉移到其他事物上，特別是對於玩具，如果其中沒有「故事」元素可以發揮想像力，他們很快就會感到厭倦。無論是哪種玩具，如果沒有與父母互動並創造新故事的過程，他們的興趣週期就會變得很短。

這件事對我來說已經沒有新鮮感了。
這東西一開始出現的時候，我覺得很新奇，但玩幾次之後我就知道怎麼做了。
現在我想學些新的東西，肯定還有其他更有趣的東西。
我對其他事情也很好奇，這個世界是我的好奇心天堂。

想嘗試各式各樣事情的孩子，被稱為「多元發展」的孩子。他們喜歡學習新事物，一旦熟悉了一件事情，他們又想學習其他新的東西，這樣的孩子比起深入探索單一事物，更想要廣泛地接觸瞭解各種事物，對世界充滿好奇心。此外，他們只要學到新事物就會滿懷喜悅。

幫助孩子適度追求興趣的方法

在養育興趣眾多但熱度消退得很快的孩子時，需要考慮下列幾個標準。

第一，確認此興趣是否適合孩子的發展水準。

當孩子對某事產生興趣並想要學習時，需要先檢視這興趣是否適合孩子的發展水準。如果難度太低，孩子可能很快就會失去興趣；如果難度太高，孩子則可能會感到挫折而放棄。適當的難度可以讓孩子自然而然地專注並覺得有趣，但如果難易度不符合孩子的發展水準，可能會使他們感到厭倦或分心。

此外，也不能全然用孩子的興致來選擇，並非學習新的事物就一定都會覺得很有趣，需要綜合考慮各種情況後判斷。當孩子說「好無聊」的時候，也需要綜合確認各種因素，例如：孩子與學校老師、同學是否有不愉快的狀況，或是這件事的難易度是否適當等等。

第二，大方向由父母決定，但選擇權交給孩子。

若孩子好奇心很旺盛，只要是可以帶給孩子幫助、讓他們有所收穫的事情，父母可能都會希望讓孩子嘗試。然而，隨著孩子開始累積各種不同的經歷，他們想做的事情也會變多。究竟該滿足孩子的需求到何種程度？父母總是為此感到煩惱。

我們都想尊重孩子的意見，但是孩子畢竟年幼，不能讓他們決定或選擇全部的事情。在這種情況下，父母可以根據孩子的發展狀況和興趣，設立一些標準，讓孩子在一定的範圍內做出選擇。滿足孩子全部的需求並不是好事，而就算沒有多樣化的體驗，也應該讓孩子擁有長期深入學習專一項目的經驗。

第三，考量孩子的體力和專注力。

儘管孩子有許多想要嘗試的事情，父母也無法滿足孩子所有的需求。受限於經濟條件等現實狀況，一個月內可以分配給孩子的預算是有限的，孩子也無法在短時間內學習消化太多內容。

再好的活動也是「過猶不及」。即使孩子有濃厚興趣，也需要考慮孩子的時間和體力，而且我們的大腦也需要休息，在休息時間會儲存並記憶已經學到的東西。就算讓孩子毫不間斷地體驗和學習多樣的事物，也不一定能夠完全積累為孩子的資產。

此外，接受太多不同老師的教導可能會讓孩子感到困惑，因為每位老師對學生的要求、表達方式以及給予的反饋都有所不同。對於那些善於觀察並試圖滿足不同老師需求的孩子，這可能會使他們的注意力分散。儘管培養孩子多元的興趣和好奇心很重要，但幫助孩子做選擇、學會專注，確保他們能夠持之以恆地做好一件事更是必要。

哇！這個看起來很有趣！那個好像也好好玩！

——缺乏專注力的孩子

「我們家孩子充滿精力，一刻也坐不住，喜歡同時玩各種遊戲，滿地都是玩具又不願意整理。一下拿著積木，一下拿出玩具車，然後又突然拿出卡片來玩，地板上還堆滿了一堆彈珠。這狀況不僅出現在家裡，在幼兒園裡也一樣，孩子一直無法專心玩單一遊戲，讓我非常擔心。」

如果孩子不能專心玩一個遊戲且非常好動，父母會感到很不安，尤其當幼兒園或學校聯絡父母說孩子過於好動時，肯定會很緊張，實際上也有許多人因為孩子過於好動而來到諮詢中心尋求幫助。好動的孩子往往難以專注於一個遊戲，需要很長的時間才能完成被交付的任務，有時甚至連做完都有困難，身旁的人也會因此給予孩子負面的評價和責備。

孩子好動的原因大致上可以分成三點。

第一點是環境因素，即玩具和媒體帶來的影響。操作方式很簡單或不需要手動操作的玩具，以及只能透過視覺享受的媒體，會減少孩子思考和活動的能力。這使孩子喪失持續進行單一遊戲的動機，並想追求更有趣、更刺激的遊戲，進而讓孩子變得很好動。

第二個原因可能來自父母的育兒態度。本身特質就很喜歡追求高度刺激的孩子，對周圍的事物充滿興趣，喜歡四處東摸西摸，藉此進行探索。然而，如果父母經常對此加以限制或發脾氣，孩子會習慣父母大聲講話、生氣的嘈雜環境，處在安靜的環境時反而會感到不安而導致專注力下降。另一方面，對於刺激需求較低的孩子，如果父母試圖透過各種玩具和遊戲過度刺激孩子的好奇心，孩子可能會難以接受，進而感到焦慮並降低專注力。缺乏主動性的孩子有可能會無法充分發揮自己的能力，甚至延伸出好動的問題。

第三，有些孩子天生就很好動。正常情況下，性格挑剔的孩子對外部刺激非常敏感。對於剛開始學走路的孩子來說，喜歡觀看和觸摸各種東西是正常的現象，父母看到了會以為孩子在玩耍，但實際上他們可能只是到處觸摸各種東西，並沒有真的在玩。然而，如果孩子年齡增長了，卻依然無法保持專注，就需要嚴肅看待。

好動的孩子的內心世界

好動的孩子在玩遊戲或學習時可能會難以集中、情緒波動大且容易生氣，這通常是憂鬱和焦慮的情緒所引起的。有可能是因為在孩子的生長環境中，父母經常發脾氣或者罵得很兇；也可能是因為他們目睹了父母頻繁的爭吵畫面；在更年幼時出現情感依附問題，或者遇到事故災害等造成創傷。

我好辛苦。我心情焦躁不安，無法保持平靜。我很傷心，所以無法專心。請幫幫我。

理解孩子感到沮喪和焦慮的源頭，對父母而言是首要之務。為了幫助這些缺乏專注力的孩子，首先需要考慮以下兩個主要因素。

第一，焦慮的孩子即便面對視覺或聽覺上的微小刺激，也可能會有很敏感的反應。焦慮的原因有可能是天生體質就偏敏感，也可能是養育環境所致。父母本身如果也是焦慮的人，通常無法耐心對待孩子，忍不住會催促、責備並強制性地教育他們。

一旦長期處在這種環境，孩子就會成長為一個焦慮的人，因此需要檢查孩子周遭的環境是否很凌亂、是否存有情緒波動劇烈的人。

第二，孩子表現出憂鬱的形式多種多樣。憂鬱的孩子通常能量指數較低、專注力低落；無法獨自把東西收拾好、環境凌亂；他們在幼兒園中幾乎不跟別人玩遊戲或參與團體活動；只要遇到無法自己解決的事情，就會開始低聲啜泣。孩子無法將難以承受的情感表達出來，只能壓抑在心中，這可能導致他們出現注意力不集中的行為。然而，人們未必能夠理解這些狀況，除了父母之外，孩子還可能經常受到身邊長輩的責備。我們需要同理並接納孩子焦慮和憂鬱的情緒，與其催逼孩子，不如與孩子談論那些他們認為很困難的事情，並幫助他們培養自己解決問題的能力。

讓好動的孩子找到安全感的方法

只要觀察在玩遊戲或學習中的孩子，我們就可以掌握孩子是正在慢慢地仔細瞭解狀況，還是已經迅速地學會之後產生厭倦感。如果孩子是屬於後者，家長只要努力帶給孩子情感上的安定感，就可以減少孩子的好動行為。

第一，營造安穩的家庭氛圍。

只要家庭成員的情緒穩定，孩子便會展現出冷靜和穩定的行為。需要紀律時，父母固然要嚴格且果斷地給予教導，但不需要大吼大叫地責罵或體罰孩子。大聲叱喝或責罵會讓孩子的焦慮感增加、專注力下降，導致他們的行為變得好動。家長應該反思自己的言行舉止是否真的對孩子有所幫助，有些家長自認為一些責備或體罰行為對孩子是好的，結果卻反而增加孩子的焦慮感。

第二，發現孩子的優點。

好動的孩子也有諸多優點。他們情感豐沛、具有幽默感、喜歡社交且充滿好奇心，學東西的速度很快也很有創意。我們應該幫助孩子減少負面的行為，找出孩子的優點，並提供機會讓他們充分發揮滿溢的能量和活力。

另一方面，要充分地向孩子說明父母的想法，讓孩子有機會調整自己的行為。舉個例子，我家孩子曾經在幼兒園的小山丘上，騎著滑板車像溜雪橇一樣往下滑。當時我對孩子說：

「當你騎著滑板車像溜雪橇一樣往下滑時，你覺得很有趣、很愉快，媽媽都知道。你勇敢的模樣讓媽媽感到很驕傲，但從山丘上往下滑的時候，可能會有車子突然出現，你也可能會受傷，這讓我非常擔心。我們以後都在平地上玩滑板車，或者一起出去玩的時候再玩滑板車吧！」

這麼一來，孩子不僅沒有受到指責，也學習到調整行為的方法，更產生了被尊重和理解的經驗。

第三，一次只給予一項指示，並立即提供具體的獎勵。

有些時候，父母會在洗碗的過程中，背對著孩子說話：「把便當盒和水壺拿來給我。」這樣的狀況下，孩子當然不太聽父母說話。

眼神要與孩子對視，一次只給一個指令。注意力較難集中的孩子，難以同時執行兩個任務。如果給予太多的分量，或是要花很多時間才能完成的作業，孩子很快就會厭倦並想要放棄。建議要將目標集中在一個具體的行動上，並提供簡短的任務。

指令的內容要簡單明確，不要使用過長的句子，以免分散孩子的注意力。可以鼓勵孩子將你所說的話覆述一遍，在說出口的同時，便能熟記指示事項並轉化成行動。

此外，當父母看到孩子努力的模樣時，應立即給予正面的回饋。專注力較為低下的孩子，小小的讚美和鼓勵就可以使他們成長。請記住一個事實：沒有完美無暇的孩子。我們的孩子都擁有潛力，並且正在慢慢地成長中。

第四，以中立的態度應對衝動的行為。

有時孩子會突然打父母。這時應該握住孩子的手，注視他們的眼睛，並說：「等一下！這樣爸爸會痛，不可以這樣做。」儘管很不容易，但我們應該努力以中立的方式回應，而非使用責罵或驚嚇的語氣說話。當孩子的行為變得過度激動時，我們應該要跟孩子說：「等一下，到此為止。」如此介入其中。相對地，當孩子適當控制自己的力氣時，我們也應該立即給予鼓勵。

當孩子玩得太過激烈，無法控制自己而對身邊的人造成危害或者產生安全上的疑慮時，我們必須讓孩子停止該遊戲。在這種情況下，不需要使用冗長的言語來解釋，應該使用簡短且低沉的口吻簡要地說明。

「倒退著溜滑梯、往溜滑梯上爬是很危險的，你可能會受傷。如果不能照規矩走樓梯上去，你就不能玩溜滑梯。」

充滿能量和活力的孩子在遊戲過程中常常做出過於激動的行為，建議制定一些遊戲規則會有所幫助。

一、營造一個能夠讓孩子專心玩遊戲的環境。

容易分心的孩子很常受到周圍環境的刺激，因此應該打造一個減少刺激的環境，讓他們可以更加專注。與其將過多的玩具擺放在遊戲室中，建議可以將玩具存放在箱子裡並用蓋子蓋好。此外，比起一口氣提供多個玩具選項，不如一次只提供一個玩具給孩子；比起去博物館或美術館這類安靜的場所，不如經常去那些能夠釋放能量的地方，例如遊樂場。

二、給予孩子遊戲的主導權。

「父母陪孩子玩遊戲」這句話聽起來像是「父母應該積極介入遊戲或者多發表意見」，但事實並非如此。父母可以在一旁關心、觀察，當孩子要求協助或提出邀請時再加入即可。

我的六歲孩子對我說：「媽媽，跟我一起玩！」然後拉著我的手，一同進入遊戲室。我邀請孩子一起玩互動遊戲，但孩子只想要我按照他的要求來參與，他希望我在旁看他玩耍、聆聽他說話。儘管孩子不會總是以相同的方式玩遊戲，但當他們想要擁有遊戲的主導權時，建議按照他們的指示來參與遊戲。

當然，讓孩子主導遊戲不等同於放任孩子不管、讓孩子獨自玩耍。如果父母認為「我只要待在旁邊就好了」然後光是坐在一旁滑手機，孩子就會立刻意識到父母不想參與，其實主導遊戲的孩子也渴望父母能夠專心聽自己講話。

儘管有很多家務事和該做的事要處理，但依然希望父母每天能夠花二十至三十分鐘的時間，專心陪伴孩子，把手機放在一旁。

三、嘗試玩玩偶和角色扮演遊戲。

二〇二一年，英國卡迪夫大學Cardiff University的研究團隊發表了一項研究，該研究探討了兒童在玩玩偶和玩平板電腦時，大腦所產生的變化。結果發現，使用平板電腦玩遊戲的孩子，雖然在遊戲中與虛擬角色進行對話，但卻沒有進行角色扮演。相反地，玩玩偶的孩子則進行了角色扮演，透過與玩偶的互動來內化其他人的思想、情感和情緒所傳達的訊息。

頭部電腦斷層掃描結果顯示，當孩子們與玩偶對話時，腦部中pSTS區域Posterior superior temporal sulcus的活動增加，這個區域涉及社交和情緒處理能力的發展。換句話說，透過玩玩偶和角色扮演，孩子在社交應對和情緒處理方面的速度會加快，從而培養同理心和社交技巧。特別要注意容易分心的孩子，因為他們在遊戲時可能對刺激的反應更加敏感。

四、適當地結合「自由的身體活動」和「規則明確的遊戲」。

讓孩子有時間可以自由發揮並釋放能量是絕對必要的，但為了減少孩子過度散亂的行為，具有明確規則的遊戲將會有所助益。注意力發散的孩子通常不會瞻前顧後，而是會立刻去做他們想做的事情，這種衝動行為經常導致問題發生，孩子也因此常常受到責備，或者與同儕之間產生衝突。欲控制衝動行為，需要自我調節的能力，而這需要先學會「延遲滿足」。

所謂的「延遲滿足」是指為了更大更長遠的利益而忍耐當前的快樂的能力。運用身體進行的身體動作遊戲，將有助於孩子培養此能力，在此推薦「一二三木頭人」這類型的遊戲。一開始，孩子可能無法完全掌握「延遲滿足」的方法，也可能會違反遊戲規則，但請讓孩子反覆嘗試。請試著以友善且有耐心的方式，幫助孩子控制他們過剩的能量。就算是孩子願意玩的遊戲，也只能讓他們玩應付得來的遊戲。我們應該成為一位包容又民主的家長，而非鬆散的家長。

「自由玩遊戲」是一種令人放鬆的方式，能夠緩解壓力，但對於那些容易分心的孩子來說，可能不太有效。當使用食材如麵粉來進行遊戲時，我們建議不要只是讓孩子自由發揮，而是要與孩子一起完成創作，並且在結束遊戲時共同清理。此外，還有些安靜的活動，如堆積木、著色、模仿繪畫、拼圖等，這些遊戲可以產生明確的成果，對孩子非常有幫助。選擇多種性質均衡結合的遊戲，而不要只偏向某一方面，也有助於孩子培養自我調節的能力。

PART 04

孩子為什麼說出主導性的言語？

以「認同傾聽法」為原則發展孩子的自我調節能力

不熟練的言語中蘊藏著孩子真實的內心

「請更公平地對待我！」

「為什麼爸爸媽媽不多花時間在我身上？」

「這件事我也可以做到！」

「我要做！」、「這是我的！」有些孩子特別善於表達自己的意願，他們會單刀直入地顯露情緒，說出「我好生氣！」、「我討厭弟弟妹妹！」之類的話。另一方面，只要父母對話時稍微提高音量，他們也會說「爸爸媽媽現在是在吵架嗎？」想要藉此阻止爭吵。

這些喜歡主動表達、善於表露情緒，也想在衝突中擔任調解角色的孩子，通常很有主見且喜歡挑戰。他們在團體或與朋友的關係中，一手包辦負責任的領導者角色；如果朋友跟隨他們，他們會尋找各種方法，使朋友在參與時可以感受到樂趣；他們總是積極地應對情況，讓兄弟姐妹或朋友覺得很安心、受到保護；他們有強烈的意志力，無論身處哪個團體，都會努力融入其中，帶給大家歸屬感；他們在與他人對話時，表達方式很直接了當、毫不掩飾。

但另一方面，如果朋友沒有按照他們的意見行事，他們很快就會感到氣餒，或是拒絕朋友提議的遊戲而獨自玩耍。在朋友的關係中，他們通常會展現出控制的傾向，被認為缺乏對他人的關懷。

這些孩子在做出決策時，會思考如何守護自己的領域，也會服從權位和力量的邏輯，因此在親子關係中，若父母給予明確的界線和有秩序的指引，他們反而會感到放心且容易接受。例如「什麼能做，什麼不能做」、「喜歡的東西和不喜歡的東西」、「大人和小孩」、「兄弟姐妹之間的輩份」等等，這樣在建立關係時，孩子才能感到安穩放心。

透過下列問題，可以確認孩子特有的主導性言語。

- 爸爸媽媽或其他人做什麼事情時，你會感到生氣呢？
- 當爸爸媽媽如何對待你時，你會覺得爸爸媽媽有在聽取你的意見呢？
- 當你需要幫助時，你覺得爸爸媽媽有按照你的意願來幫忙嗎？
- 用1到10來評比，你現在的生活按照自己意願來度過的指數是多少呢？

如果孩子常常使用主導性的說話方式，可以直接詢問孩子想要用何種獨特的主導性言語來進行對話。

主導性大多在六歲時形成，到了十二歲幾乎已經發展完全。為了培養孩子的主導性，從幼兒時期開始，讓孩子在一些小事情上擁有決定權是相當重要的。在〈三至五歲年齡層的幼兒課程〉一文中強調，父母需要規劃和提供讓孩子能夠自發性地積極參與的遊戲，並指導孩子擁有機會去計劃、選擇、執行和評估遊戲。

「主導性」是指「自己選擇任務並將任務堅持到底完成」的能力，包括計劃、選擇、決策和推動等過程。孩子會在這個過程中獲得成就感，並開始認知到自己是一個具備生產力的存在。自我主導性還包括感知他人情緒的能力、自我調節的能力、與他人溝通的能力、將自己的點子形成計畫並執行的能力，以及保持毅力的能力。

二〇一四年，我看了EBS紀錄片《幸福的條件，前往福利國家》的第四部「幼兒保育篇」，大受震撼。在法國的一所幼兒保育機構，午餐是自助式的，他們讓年僅一到二歲的孩子將要吃的食物分量分配到餐盤上，以培養孩子自主解決問題的能力和自發性。儘管這樣做，孩子吃一頓飯需要花費更多時間，但沒有任何家長抱怨，因為他們認為這種讓孩子主導的活動，可以幫助孩子更好地適應學校生活。

三到五歲的孩子，如果在課業方面需要協助，我們會樂意介入，但對於能夠自主讀書的孩子，我們則可以對他們提問。這也是為了培養孩子的自主學習能力。

在韓國，「自主學習」曾經是教育界的一項熱門議題，各種補習班和學習教材都以「自主學習」為口號來宣傳。然而，如果沒有像法國一樣，讓孩子在幼兒時期嘗試自己做選擇，卻在上小學後要求他們自主學習，這理想並不容易達成，尤其是近年因COVID-19疫情導致孩子們無法去學校上課，弱化了孩子時間管理和自主學習的能力，引發家長和老師的擔憂。此外，在右腦發育的黃金時期，孩子需要透過觀察他人的表情來認知和表達各種情緒，但在過去三年中，由於口罩遮住了人們一半的臉，感受情緒、培養同理心和社交技能變得更加困難。因此，想要提升孩子自我調節情緒和行為的能力，變得相當具有挑戰性。

「自我調節能力」是指為了實現長期目標而能夠慎重地自主計劃、解決問題和評估的能力。具備此能力的人，不會衝動行事，而是會執行經過理想評估的行為，因此提升自我調節能力是社會化的關鍵。具備優秀自我調節能力的孩子，能夠搭配自己的意願、計畫來做出抉擇，也能夠對自己的情緒和行為有所覺察，更可以客觀地管理和調整自己的內在世界。我們可以將孩子的言語當作關鍵，來幫助他們培養重要的自我調節能力。

我要自己做！我會自己做！

——希望由自己獨立完成的孩子

那些天生主導性很強的孩子，常常想要擁有決策權。我家老二還在兩歲時，每次去廁所，會在十秒內喊「媽媽！」，但某一次孩子有點晚才叫我，當我帶著困惑與好奇打開廁所的門時，發現一堆衛生紙散落在地上。原來孩子正在嘗試為自己擦屁股，但他的手根本沒碰到屁股，就自然而然地變成了一場衛生紙遊戲。在這種情況下，我們很容易誤以為孩子在惡作劇或製造麻煩，但只要詢問孩子，就會發現他們都有各自的原因。

孩子想要做新的嘗試——「自己擦屁股」。雖然有這樣的想法很不錯，但卻不適合他們的發展階段，於是我跟他說：「自己擦屁股很難，你現在還需要媽媽的幫助，但是你只要再長大一點就可以自己做到了。等你的手臂再長一點，媽媽就會教你怎麼擦屁股。」

孩子過了二歲之後，最明顯的變化之一就是自律性和主導性的發展，這個時期的孩子會說：「我來做！我會！我要自己來！我自己一個人做就好！」用這種方式來表達自我意志。這是一個信號，表示孩子正進入一個獨立探索、對新環境產生興趣的階段，他們自律性和主導性正在增強。以孩子的成長階段而言，這是非常自然的現象，對孩子來說也是非常重要的任務。

以前總是需要大人幫忙很多事的孩子，現在表現出「我能夠自己做」的模樣時，父母往往會感到高興又自豪。孩子已經過了絕對依賴父母的時期，他們能夠獨自完成的事情變多了，也變得更有自信，這很值得驕傲。

然而，這個階段的孩子通常還沒有建立起正確的行為界線，不知道哪些行為可以做、哪些行為不該做。即便有對他們口頭說明，他們通常也不太能理解，無法正確掌握風險和安全的概念，因此有必要清楚地告知孩子「規則」和「慣例」。

雖然孩子表示想自己嘗試是件好事，但隨著他們的主導性和自律性的增長，父母可能會感到更加辛苦。孩子想要自己吃飯，卻讓食物四處灑落，讓人搞不清楚食物是跑進嘴巴裡還是掉到地板上。搭電梯時按電梯按鈕、穿衣服、打開家門等等日常生活的各種行為，當孩子每件事都喊著想自己嘗試時，父母有時候會感到十分疲憊，而當父母奪走孩子的嘗試機會時，孩子可能又會生氣大喊：「我要自己做！我原本想要自己做的！」或者哭鬧不休。

看到孩子這副模樣，父母也許會認為孩子很固執、愛耍賴。以父母的立場，必須儘快完成一件事，才可以進行下一件事，因此很難耐心地給予孩子機會，而且等待做事不熟練的孩子，也可能會讓父母感到鬱悶。

不過，那些口中嚷嚷「我來！我要自己做！」的孩子們，全都是第一次嘗試自己吃飯、自己使用筷子或者堆疊積木等挑戰。由於是初次嘗試，他們會犯錯、失敗，而遇到困難任務時，即便已經反覆嘗試卻依然不順利，這時他們也會感受到挫折。「都是我的問題，我做不到！」孩子可能會產生這般的負面想法，此時父母應該鼓勵他們說：「即使你做得不完美也沒關係，嘗試並挑戰新的任務是一件了不起的事情耶！」如此讓他們願意再次嘗試。

另一方面，也有些孩子幾乎不會說「我要自己做」這句話。在這種情況下，父母可以反過來詢問孩子：「你想試試看嗎？」提供孩子獨立嘗試的機會。然而，這並不代表父母不需要花時間陪伴孩子，這樣做並不能培養孩子的主導性，而會淪為「放任」和「置之不理」。當孩子遇到困難時，父母應該成為他們能夠尋求幫助的對象，成為支持和協助他們的人。

如果我們能夠認同孩子的努力，並對他們在過程中所面臨的困難表示同理，孩子將能夠朝「自我主導能力」更邁進一步。特別是在二十五到四十八個月的階段，當孩子主動探索知識時，多巴胺系統會被激活，負責語言和邏輯的左腦也會變得發達，這將有助於前額葉的發展，使孩子變得更加積極，並具有更高的心理韌性。

無論什麼都想親自嘗試的孩子的內心世界

那些每件事情都想親自嘗試、非常積極主動的孩子們，他們希望確保自主思考和行動的能力。另一方面，他們渴望得到父母的認同，因此也想透過這種說話方式，感受到滿足、喜悅並獲得成就感。

我可以做到任何事情。看看我吧！這件事我也可以做到。任務完成後，我會感到心滿意足，下次我應該也可以自己完成。

等孩子進入小學後，他們想受到父母認同的渴望會變得更加強烈，孩子會對自己做到的事情感到滿足。另一方面，面對做不好的事情也可能會心生自責，認為：「為什麼朋友能做到，我卻不能呢？」

即使孩子失敗了，也不需要責備他們說：「你為什麼連這個都做不好？」而是要對孩子說：「你做得很好，下次換個方式試試看，效果可能會更好喔！」鼓勵他們邁向下一次的嘗試。

培養孩子自主性的方法

面對不願意主動嘗試的孩子，有時候會讓父母感到鬱悶，但對於每件事都表示要自己完成的孩子，教養起來可能更加困難。因為這些孩子擁有強烈的自主性，不太願意聽從別人的建議，父母很難約束他們的行為並給予教導。儘管孩子努力自己嘗試是件好事，但身為父母卻很難確立界線，究竟應該要放寬到何種程度，何時又該限制他們的行為呢？

隨著孩子越長越大，能夠自主決定的事情會變多，讓孩子對自己的選擇負責並經歷試錯，這都是很正常且重要的過程。但是，隨著孩子能夠做的事情越來越多，父母也需要提醒一些注意事項，並非無條件地限制孩子「哪些事情不能做」，而是要提醒他們對自己的選擇負責，並讓他們親自感受到自己的選擇會造成哪些影響。

為了培養孩子的自主性，需要給予孩子三種機會：

第一，給予孩子嘗試的機會。

對於初次嘗試的新事物，不熟練是很正常的，父母應該給予孩子嘗試的機會，縱使耐心等待並不容易。如果父母輕忽這點或直接干預，主導性很強的孩子可能會哭泣、生氣或感到難過。除非孩子的舉動具有危險性，否則不需要過度限制，因為過度限制可能會消磨孩子的意志。

當然，在繁忙的早晨，父母可能會認為自己直接動手更快、更有效率，因此即便父母有給予孩子嘗試的機會，但卻不自覺地一直在旁邊催促。請銘記在心：「孩子的嘗試」和「父母的等待」是形成自我主導能力的套餐，孩子從小就應該透過自己的想法、主張和行為體驗到成就感。

第二，給予孩子選擇的機會。

孩子年幼時，不要讓他們獨立做出所有決定，而是應該提供兩三個選項給孩子，隨著孩子成長，再持續擴增選擇的範圍。在幼兒時期，還在學習如何做出選擇，需要更多的時間，只要父母有足夠的耐心，並給予孩子許多機會，他們就能學會如何做選擇，也會建立專屬自己的標準。孩子在自主做出選擇的過程中，也會一邊獲得成就感一邊成長。例如，睡前讓孩子決定隔天要穿的衣物、襪子和鞋子，但如果隔天早上孩子心意轉變，則可以多提供一個選項，讓他們從兩個選項中做出選擇。這樣既可以讓孩子選出他們喜歡的東西，又可以兼顧效率。再者，父母若能夠詢問孩子為什麼會選擇那些衣服和鞋子，並給予正面的回饋，那就更棒了。

起初，這種作法可能難以符合父母的心意，但尊重孩子的選擇是培養自主性的基礎。等孩子再長大一點，讓他們選擇自己想吃的餐點，然後與孩子一起料理也是一個很棒的方式。即使食物的味道很奇怪、料理過程也漏洞百出，但能讓孩子經歷到自己選擇之下會遇到的困難，也算是一種成就。從日常生活中整理衣物、協助飯前準備，到外出旅行、野餐、購物等時刻，都可以特地給予孩子一些選擇權。

第三，給予孩子犯錯的機會。

對於缺乏經驗並且尚在成長中的孩子而言，會犯錯是很正常的。父母在擔任新手爸媽時，不也經常犯錯嗎？應該寬容地看待孩子的失誤，並給予他們重新嘗試的機會。例如，倘若孩子選擇了不合時宜的衣服，我們不要直接說「那件不可以！」來矯正孩子，而是可以先詢問他們為什麼想穿那件衣服，再向孩子解釋在夏天穿冬天衣服可能會不太舒服。

讓孩子選擇自己想要的東西，即便那東西不適合也不成問題。如果父母一直指責孩子的選擇有誤，孩子可能無法分辨「自己的選擇」與「自己」，而認為做出那種選擇的自己本身就是個錯誤。儘管父母是為了幫助孩子才出面干涉，結果卻可能讓孩子產生「我什麼都做不好」或「我一無是處」的感受。

如果孩子反覆犯下同樣的錯誤，建議可以直接告訴他們正確的做法，或者成為孩子的榜樣親自示範。經歷過失誤後，再使用不同的方法挑戰，這樣的經驗將會使孩子能主動做到更多的事情，自信感和自尊心也會有所提升。我們應該鼓勵且支持孩子多多挑戰、摔跤後重新站起來，孩子將會更加茁壯、健康地長大。

「原來你因為做得不太順利，感到很難過啊！沒關係，這是情有可原的！要不要再試一次呢？」

在鼓勵孩子時，建議可以針對孩子想主動挑戰的態度，給予具體的稱讚。

「原來你想自己試試看啊！」

「原來你可以自己用筷子夾菜啊！」

「原來你會自己刷牙呀！」

對於孩子做不好的事情，不要急著教導，反而要對於孩子獨立完成的事情多加鼓勵。舉例來說，當孩子正在整理玩具時，與其指導他說：「這個應該要放這裡才對啊！」不如稱讚他：「哇！你自己嘗試整理玩具了啊！」

★培養孩子自我主導能力的注意事項★

給孩子嘗試的機會、選擇的機會、犯錯的機會固然重要，但父母應該提出明確的標準。以下是培養孩子健康的自我主導能力時需要注意的部分。

1.為了安全而不能做的事情，要明確地提出並說明原因。

孩子想要獨自嘗試固然是件好事，但是孩子年紀還小，有時候不知道界線、不知道什麼事情很危險、不知道什麼事情不能做。例如，在父母做飯時站在火爐前、說要拿刀削水果、觸摸飲水機的熱水等等。另外，孩子上小學後，如果對居住的環境很熟悉，會經常到處跑。

因此必須告訴孩子什麼是不該做的行為。即使孩子說「我想要……」，對於有危險性和不安全的事，還是要堅決地說不行，並說明清楚為什麼不行，還要告訴他什麼時候可以做、到幾歲可以做等明確的年齡。

2.在生活習慣方面必須要做的事情，不要給予選擇權。

有些父母會認為要尊重孩子的意見和想法，連非做不可的事情都讓孩子有選擇權，但即使是孩子不想做的事情，也要讓他知道這是應該要做的，並且教導他去做。雖然每個家庭不一樣，但有些生活習慣是非常重要的，特別是上學或刷牙這種非做不可的事情，除非有特殊原因，否則不該讓孩子選擇不做。

如果是孩子應盡的義務，就要讓他明白「這件事一定要做」，讓他聽從父母的話。重點是要用與平時不同的語氣斬釘截鐵地說，讓孩子感受到這是應該要做的事。

為什麼不聽我的話！氣死我了！

——事情不如意就心生煩躁的孩子

「爸爸，為什麼我都拜託你了，你還是不幫我！為什麼一直叫我不要做？吼！氣死我了！」有些孩子如果事情不如自己的預期就會固執己見，或是想要別人按照自己的想法去做。通常我們會說這種孩子的自我主張很強、以自我為中心。

以自我為中心的行為是幼兒期的特徵，是發育過程中的自然現象。這時期的孩子會站在自己的角度看待和理解事情，非常希望別人能認同自己，但因為尚缺乏建立社會關係的技能，所以無法理解別人的立場，也會要求大家按照自己的意思行動。

他們會將焦點放在結果而非選擇的過程，所以看起來主導性很強，但實際上他們不容易理解他人的想法。因此，雖然孩子很擅長開始做一件事，但如果遇到反對意見，可能就會表現出放棄或退讓的態度。大部分情況下，父母要是試圖控制孩子，他們反而會更堅持要做自己想做的，跟父母唱反調，做出相反的言行，甚至還會跟父母對峙、較量。

孩子以自我為中心的行為，根據原因的不同，大致可分為三種：

1. 沒有能力分辨「自己的」和「別人的」。
2. 缺乏與他人分享、讓步和幫助的經驗。
3. 行為受到過分壓迫時，會不滿和反抗。

雖然三種原因不同，但有一點是一致的，那就是如果自己的要求無法被滿足就會大哭大鬧，常出現的狀況是在公共場所不遵守禮節和規則，更重視競爭勝於合作。

而遇到孩子這種情況時，父母很容易意氣用事。舉例來說，如果兄弟姐妹因為看電視而吵架，父母就會關掉電視來解決問題；有的父母不考慮孩子的心情和狀況，在眾目睽睽之下訓斥孩子；為了糾正孩子的錯誤，無條件禁止孩子行動。父母有時沒有反應，有時又大罵，表現出不一致的態度。

為了具備自我主導能力，首先要瞭解自己，也就是建立對自我的認知。對自我的認知是指在生氣或產生負面情緒時，察覺到自己現在生氣了，並觀察自己通常是在什麼情況下生氣。生氣是很強烈的情緒，一旦生氣就會做出強烈的行為，尤其是對自己沒有自信的孩子，有時會為了定期引起父母的反應而生氣。

事情不如意時，孩子會感受到各種情緒，但表現出來的同樣都是生氣。這時需要記住的是，雖然生氣的人會影響周圍的人，但那個影響力會根據對方是乾的木柴還是濕的木柴而不同。如果父母的心像乾柴一樣，孩子的火氣就會更容易擴散，但是如果父母的心像濕掉的木柴一樣，則可以一邊聽著發怒的孩子說話一邊接受。

偶爾有些孩子在生氣時會對父母大吼大叫或打人，這時父母會嚴厲斥責孩子。不過，如果孩子無法向父母表達自己的憤怒，應該對誰表達呢？如果要發洩在自己身上，孩子可能會在地上打滾或打自己的頭，我想沒有父母能忍受孩子這種行為。那麼，如果孩子不是對父母，而是對別人生氣，會怎麼樣呢？沒有父母不會教訓孩子、放任不管。所以孩子會依據本能知道，向父母耍賴或發怒才是最安全的方法。

控制不住怒氣的孩子的內心世界

當孩子生氣時，父母自然地會想叫他改正，但有時候我們會看到，有些父母訓斥孩子到後來，也因孩子生氣而生氣。請不要跟著孩子一起生氣，應該先看看孩子隱藏在怒氣背後的心聲。在孩子們的怒氣中，有想哭的心情、鬱悶的心情、不安的心情、羞愧的心情等多種情緒，其中隱藏著恐懼、悲傷、害怕、難受、傷心等多個原因。

我叫你幫我買寶可夢卡，為什麼不買給我！
朋友們帶去幼兒園炫耀，我也想要炫耀給朋友看。
大家在玩那些卡的時候，我沒辦法加入他們，所以我很傷心。
那個時候很難受，我怕其他人不和我玩，但你還是不買給我，所以我很生氣。

孩子聽不進去「下次買給你」這種話。「無論如何，這次就是要買！」說這類話的孩子有各種情緒交織在一起，因此才會大聲哭鬧、耍賴。

應付孩子怒火的方法

自我主導性強的人具備從自己和他人的視角來觀察、接受和調節的能力。因此孩子生氣時，父母的應對方式會決定孩子的情緒調節，以下提供幾個原則。

第一，把孩子生氣的瞬間當成能更好理解孩子的機會。

孩子生氣的時候，應該把忠告或教誨暫時拋諸腦後。無論忠告或教誨有多好，生氣的時候都聽不進去，怒氣也不會減少。雖然父母很辛苦，但我們暫時默默地忍耐吧！不需要生氣或防備他，不要像乾柴一樣被點燃怒火，而是要理解孩子為什麼這樣做，大膽地忍耐下去。

我希望父母能把孩子生氣當作理解孩子的好時機，從某種意義上來說，這是值得感謝的事情。當孩子表露感情，父母可以觀察孩子什麼時候容易生氣、用生氣表達什麼樣的情緒等等。雖然表面上都是生氣，但可以發現隱藏在其中的各種情緒。

如果父母以怒氣來對抗孩子的怒氣，孩子就會逃跑，會隱藏而遺忘心中真正的想法。相反地，父母的安慰和鼓勵會讓孩子表露真心。孩子在被安慰時會瞭解到自己不由自主地發火的情緒是什麼，這樣才能用言語表達情緒，而不是生氣。如果父母的聲音裡已經有「怒氣」，孩子就很難窺視和表達自己的情緒。我們來看看以下的對話。

「你為什麼生氣了呢？爸爸真的不知道。我想知道原因，你能告訴我嗎？」

如果孩子說出生氣的原因，請做出以下反應。

「謝謝你告訴爸爸生氣的原因，讓我更瞭解你。」

第二，在孩子情緒穩定時，試著進行對話。

過了一段時間孩子消氣後，最好能走近孩子嘗試對話。如果父母有耐心地先伸出手，但孩子還是怒氣沖沖，父母就很容易被激怒地說：「夠了！」但是父母沒有理由因為孩子沒有立刻消氣而生氣。父母不該讓自己生氣，而是要專注在孩子的情緒上。父母當然可以表達情緒，但是等孩子冷靜下來、回到父母身邊時再說也不遲。

「原來你還沒有消氣，還需要時間吧？想說話時就來媽媽這裡，我會等你。」

第三，給予孩子調節情緒的機會。

主導性強的孩子一旦意識到自己做不到某件事情，就會感受到強烈的挫折感，像是一想到自己堆的積木倒了或是不太會用筷子，就會認為自己做不到而嘟囔，或者做出扔東西的激烈舉動。父母在批評他的行動之前，請先安慰他「有時候會這樣」，並在旁邊等待孩子自己調整情緒，再告訴他，以後事情不順利的時候不要哭或是扔東西，應該要用言語來表達。

「媽媽以前也像你一樣不太會用筷子，第一次做不到是理所當然的。你想要做得好，但卻不太順利，一定會很難過，我們明天再試試！」

「下次不能因為不順利就難過得亂扔東西。你已經很會說話了，這種時候要用說的：『我因為事情不順利而很煩躁、很傷心。』」

第四，最重要的是，父母的身體、心靈和想法要健康。

父母如果想要接受孩子的怒氣，最重要的是，父母要有體力，而且心靈和想法都要健康。要是最近常常對孩子發火，就有必要回顧一下自己的生活平衡是否被破壞，如果平衡被破壞，任何人都會做出更激烈的反應。當心裡不舒服時，很難放鬆地陪孩子一起玩，在想法複雜的日子就會說出違心之論，吼著：「不要來煩我」。

父母要有時間照顧自己，才能在教養孩子的過程中，接受孩子的憤怒等負面情緒。請檢視自己現在的生活是否只以孩子為重心？也許你會認為必須等到孩子長大才能轉移重心，但其實只要適當地調整，就能擁有更健康的身體、心靈和想法。

不要！我要繼續玩。我不想回家！我不要！

——任何事情都想隨心所欲的孩子

「現在該吃晚飯了。不要再玩囉，我們回家吧！」

「不要！我不想回家。我要繼續玩！」

「現在要關掉電視，開始讀書了！」

「不要！為什麼我不能繼續看電視，弟弟卻可以呢？」

當孩子們正在玩耍或專心做某件事情時，如果突然叫他們停下來或改變情況，他們通常會第一時間說出「我不要！」這句話，而聽到孩子說「我不要」時，父母心中可能會湧現不舒服的情緒。如果這種情況發生在家裡以外的公共場合，父母可能會感到慌張而發怒。儘管我們希望孩子能夠馬上回答「好的」，但這種情況屈指可數。

然而，如果年幼的孩子在父母給予指示時，就立刻回答「好的」，可能是出於某些原因，導致他無法違逆父母講的話，或者孩子曾經受過傷。孩子們口中的那句「我不要！」是他們具備自我主張的初期表現，藉此展現他們想主導的意願，因此當孩子第一時間就回答「我不要」時，比起感到生氣，父母應該要立刻意識到這是孩子有在好好長大的象徵。孩子表達自己不喜歡的事情，也是非常合理的現象。

能夠對父母說「我不要」意味著孩子願意在與父母的關係中表達自己的意見。實際上，當孩子突然要求父母馬上陪自己玩耍時，尚未準備好的父母也經常會說：「等一下！我先洗碗，晚點再陪你玩。」或者「爸爸正在看電視啦！等看完電視就陪你。」孩子也是如此，當他們正在盡情地玩耍，卻被突然要求停止時，他們就會說出「我不要」。

堅持己見的孩子的內心世界

父母可能會認為孩子很固執己見，但孩子說出「我不要！」這句話背後其實蘊含非常多的內心話。

我現在玩遊戲玩得正開心，請等我一下。
當我完全沉浸在遊戲時，要我突然停止是不可能的，請提前告訴我。
如果能稍微等我一下，我也會做好離開這個充滿樂趣世界的準備。
我要做好心理準備，才有心情回家。

當然，孩子也可能是因為不願意聽從父母的話，才會第一時間說出「我不要！」這句話。如果父母經常單方面地發出命令，指示孩子「去做這個！去做那個！」，希望每件事都能隨心所欲的孩子就可能會有這般反應。此外，孩子可能不單純是因為父母要求自己回家，而是被父母講話的語氣影響，命令式語氣會剝奪孩子的選擇權。

請給我一個可以自主選擇的機會。
我想自己決定什麼時候回家，而不是聽從父母的話。
我也想表達我的意見。
雖然現在不想回家，但我很清楚現在該回家吃晚飯了。

即便孩子一直說「我不要」，但這並不代表孩子完全無法理解現況。如果可以給予孩子選擇的機會，他們有充分的能力決定自己何時要停止玩樂，這也是培養健康的獨立感、自我意識和自我調節能力的基礎。

尊重孩子並進行有效溝通的方法

孩子總是說「我不要！」，而父母總是說「不行！」。與其單方面地向孩子發號施令，我們應該尊重孩子的意願並努力傳達父母的心意。

第一，當父母提出要求時，應提前向孩子預告。

舉例來說，當孩子玩得正高興時，如果突然跟他說：「去洗澡吧！」孩子可能會回答「我不要！」這時候若改成：「你再玩一下，五分鐘後要洗澡喔！」孩子就可以有時間做好心理準備。孩子不喜歡突如其來的變化，就像成年人不喜歡職場主管在下班前突然分配任務，或者親戚沒有提前通知就突然來訪一樣，在這種時候成年人也會想回覆「我不要！」

青春期的孩子也是如此，如果正在玩電腦或手機遊戲，與其要求他們立刻停止，不如提前給予他們五到十分鐘的準備時間。這就像大人在觀看有趣的電視節目或工作時，如果被孩子要求立刻陪他玩耍，也需要一些時間來收尾手邊正在進行的事情。

過渡到下一個階段通常需要準備時間，就像我們在運動時需要先暖身，身體才不會出問題的道理一樣，尤其大多數的孩子都不喜歡讀書，要求孩子開始讀書前，需要給予他們更多的心理準備時間。

第二，大方向由父母決定，小事情讓孩子自己選擇。

「現在已經六點，該回家吃飯了！不要再玩了，我們回家吧！」當父母說這句話時，整體的大方向是「要回家」，但在其中可以讓孩子做出小的選擇，例如「再多玩五分鐘」還是「再多溜滑梯五次之後再回家」。透過這個過程，孩子將會養成可以自己做出選擇、決策的能力，以及自我調節的能力。

第三，用「可以做什麼」來取代「不可以做什麼」。

當孩子說：「我不要！我還要繼續玩，我不要回家！」的時候，父母通常會說：「不行！」父母會因為孩子的那句「我不要」而生氣，孩子則會因為父母的那句「不行」而生氣。誕生在這個世界上本就有太多事情是不能做的，所以就算是講相同的內容，與其只是告訴他們「不可以做什麼」，不如提供孩子一些選項，告訴他們做哪些事情很不錯、哪些事情可以做。這麼一來，就可以更積極地解決問題。

「你可以再玩溜滑梯十分鐘。」

「你可以再待五分鐘。」

這是我的！不可以碰！不要拿來玩！
——擁有強烈佔有慾的孩子

「這是我的！不要拿我的東西去玩！」

「這不是你的，這是要跟其他朋友一起玩的。」

在親子咖啡廳玩耍時，孩子們有時會獨佔著玩具，不讓其他孩子碰。當父母制止時，孩子可能會哭鬧、耍賴且不聽勸，而父母的臉會逐漸變紅甚至發脾氣。

孩子心裡很清楚，這些東西都是共用的，但他們仍然堅持說「這是我的」。心裡知道和實踐出來的行為往往不同，這道理就如同父母「知道」如何養育孩子，但實際「執行」起來卻非常困難，而且還年幼的孩子不太會考慮他人的感受或懂得讓步妥協。當然，父母也想等待孩子自行解決，但如果自己家的孩子跟其他家的孩子發生了尷尬的不愉快情況，也只能積極介入，試著說服和安撫。

不過，不管我們再怎麼努力，孩子依然堅持說「這是我的！」的時候，我們通常都會感到慌張。究竟為什麼孩子要這個樣子？是我的孩子個性太固執嗎？還是教養方式有問題？其他孩子似乎都能和睦相處，為什麼只有我們家的孩子會這樣呢？

一至二歲的孩子擁有自我中心的思維，在這個階段，孩子認為「所有東西都是我的」是極其正常的發展。超過二十四個月後，孩子會開始逐漸理解「屬於自己的東西」的概念。然而，即使是年紀處於這個階段的孩子，他們也會更傾向區分「自己的東西」和「自己想要的東西」，而不是區分「自己的東西」和「別人的東西」。在這個時期，應該給予孩子充足的時間進行探索，這樣他們才能夠懂得調節佔有慾，並逐漸培養出「分享、讓步」的意識。

孩子擺脫自我中心思維的過程，會受到與父母之間的情感依附關係很大的影響。與父母建立穩固的情感依附關係的孩子，擁有自我中心思維的時間較短，能夠更快地學會讓步和關懷他人。相反地，與父母建立較弱的情感依附關係的孩子，通常需要更長的時間才能實現心理獨立，在學習讓步和關懷他人的過程也會較為緩慢。

如果父母常常對孩子說「不行！那個很危險」如此制止孩子做許多事情，或者讓孩子缺乏被尊重的感覺，他們可能會更強烈地展現出自我中心主義，藉此保護屬於自己的東西。因此，建議父母在與孩子一起玩耍時，可以提出類似「這個媽媽想要先試試看，你願意等待我嗎？」的問題，讓孩子體驗到讓步和等待的過程。

想要擁有一切的孩子的內心世界

「渴望擁有專屬自己的東西」是人類的本能，孩子們之所以會認為某些東西是屬於自己的，都有其獨特的原因。

如果現在不玩這個玩具，我之後就無法玩這種玩具了，因為家裡沒有嘛！雖然我知道這個東西不屬於我，但我非常想要它，所以我應該要一直拿著它。

孩子的佔有慾望被父母認同時，他們便會開始明白「屬於自己的東西」有多麼寶貴，也會瞭解到一個事實：必須友善地與他人共享東西，也要遵守輪流使用的規範。當他們的佔有慾獲得理解、被接納時，他們也會產生力量去照顧他人。

媽媽，這東西是我之前玩過的，不就算是我的東西嗎？我上次有拿來玩，為什麼現在不能玩呢？

在幼兒時期，孩子尚在學習什麼是「他人的東西」、什麼是「自己的東西」，所以這時最重要的是父母的養育態度。當孩子受到充分的尊重時，他們就會明白別人的東西也很寶貴，並且能夠學會關懷他人。

教導孩子謙讓美德的方法

建議父母們要理解孩子的年齡發展階段，並搭配狀況來應對。對於處在自我中心階段的二到三歲孩子，要求他們無條件讓步是行不通，應該要滿足他們一定程度的佔有慾，並且同時教導他們去關懷他人。現在就讓我們來瞭解，在不同的情況下，該如何教導孩子在佔有的同時學會照顧他人。

第一，在要求孩子讓步之前，先讓他有充足的經驗去擁有「屬於自己的東西」。

孩子說「這是我的！」並不是頑固，而是一個主張。比起教導孩子讓步，更重要的是先灌輸孩子「你有能力可以保護自己的東西」的觀念。當孩子對於「我可以保護屬於自己的東西」這件事充滿確信時，他們會更加心甘情願地讓步。

如果家中有弟弟妹妹，父母往往會在無意間要求孩子讓步。就算老大只有三歲，也經常需要將父母的愛、關心、時間等分享給年僅一歲的弟妹。若家中老大用強烈的口氣說「這是我的！」，可能是因為他們曾經有過為了弟弟妹妹而不得不妥協的經歷。在這種情況下，與其責備孩子「你為什麼這麼貪心？」，建議可以先對孩子說「這東西是你的」。

「弟弟想摸一下這個東西，你可以讓他摸一下嗎？這是你的東西，只要你同意，弟弟就可以摸了。」

父母也可以詢問孩子，他們允許弟弟妹妹摸哪些東西。這麼一來，只要孩子說出「可以摸哪些東西」，他們就會擁有自發性地讓步的機會。如果有其他小孩子即將來家裡玩，建議可以提前將孩子不願意和朋友一起玩的玩具挪走。

「這些玩具的主人就是『我本人』」，要讓孩子清楚知道這一點，並且是在他們有意願的狀態下，才將東西分享出去。這樣做可以讓孩子明白一個事實：讓步並非損失，自己的東西並不會被奪走。

第二，當孩子們彼此爭奪玩具、爭吵時，給他們機會共享玩具並一起玩耍。

當孩子的玩具被朋友搶走時，孩子通常會不斷說「這是我的！」並開始哭泣。如果為了讓孩子的哭聲快速停止，就對另一個孩子說：「這是我家孩子的東西」，然後把玩具要回來，就會換成玩具被拿走的另一個孩子開始哭泣。

那麼，父母應該如何應對這種情況呢？雖然有許多種方法，但最好的辦法之一就是找到讓孩子與朋友共享玩具的方式。

如果玩具不只一種，而是有兩三種，就可以讓孩子們分著玩。假如是需要組裝的玩具，也可以讓孩子分工來組裝。在過程中，孩子們會自然而然地體會到分享的樂趣，並且培養出社交能力。然而，倘若玩具只有一個，父母可以在自家孩子和對方孩子都在場的情況下，詢問他們兩個的意見。

「小朋友，你要不要問看看我們家的孩子，這個可以一起玩嗎？」

「這個玩具是你的沒錯，但如果朋友想玩，可以讓他們拿去玩，只要請他們記得還給你就好，你覺得如何？」

「小朋友，這是我們家孩子的東西，但他現在不想借給別人玩。你可以等他玩完後，再問他可不可以借你玩嗎？」

第三，當孩子搶走朋友的玩具時，固然要表示同理，但同時也要明確告知規則。

如果一個四至五歲的孩子搶奪其他朋友的玩具，應該清楚地告訴他：「這個是誰的玩具」，搶奪他人的玩具顯然是不正確的行為。如果孩子堅持地硬凹說：「這是我的！」那麼可以把孩子帶到方便兩人獨處談話的空間，等待孩子鎮定下來，對他說：「當你準備好聽媽媽說話時，請告訴我。媽媽會等你的。」

「我知道你喜歡玩玩具，但這個東西是朋友的，這樣隨便把朋友正在玩的東西拿走是不對的行為。」

在明確告訴孩子之後，也可以詢問他們：「當你想要玩朋友正在玩的玩具時，該怎麼做比較好呢？」給予他們一個機會來表達自己的想法。如果孩子還無法好好地表達自己，父母可以提供一些建議，例如鼓勵他們嘗試玩其他的玩具，或者等朋友玩完後再玩。此外，也可以幫助他們以言語向朋友表達自己想要玩的想法。

當孩子哭泣、發脾氣時，父母如果能夠接納並同理孩子的感受，孩子通常會變得較為冷靜。

「你真的很想玩那個玩具啊！」

解讀孩子的情緒後，也要讓孩子解讀朋友的情緒。「如果換朋友拿走你的東西，你的感覺如何？」、「假設你默不作聲地拿走朋友的東西，他也會感到難過。」

雖然在孩子要賴固執時，要重複這個步驟並不容易，但作為父母，必須讓孩子認知到不能搶奪或拿走別人的東西。除了解讀自己孩子的心情，也要幫忙解讀對方孩子的心情。這麼一來，孩子會感覺到自己被同理，同時也可以理解其他人的情緒。

我討厭弟弟妹妹，我希望他們都消失！

——希望受到公平待遇的孩子

「我們家的大兒子在我洗碗時，突然說他希望妹妹可以消失。我感到非常慌張和驚訝，於是就責備了他，告訴他再也不要說這樣的話。」

有一次，我的朋友打電話來告訴我這番話，她有一個就讀國小的十歲兒子和一個七歲的女兒。大兒子說出這樣的話，讓她猶豫不決，不知道是該責罵孩子亂說話，還是應該對孩子諄諄教誨，她認為自己在教養方面出問題，心情很沉重。

擁有弟弟或妹妹的孩子，經常會說出「爸爸媽媽比較喜歡我，還是比較喜歡弟弟妹妹？」這類的話來確認父母的愛，也會說出一些壓制弟弟妹妹的話，還有另一種情況，就是孩子認為父母對待自己和弟弟妹妹的方式有所不同。這時，不應該責備孩子或對他諄諄教誨，首先要做的是充分解開孩子的誤會。

大兒子誤以為妹妹搶走了父母的愛，因此他越來越討厭妹妹，並選擇用更強烈的言語來反應。若遇到這種情況，我們需要解釋給孩子聽，他沒有失去父母的愛，只是因為妹妹還年幼，所以大人會多花一些時間來照顧他。

「不是妹妹搶走了父母的關愛，而是媽媽花了更多時間在照顧她。妹妹現在年紀還小，所以需要爸爸媽媽的幫助。當你需要幫助時，我們一定也會花時間陪伴你。」

許多父母會誤以為老大是在嫉妒弟弟妹妹，而孩子嫉妒的情感通常來自於他有感受到不公平的地方。在養育子女的過程中，父母對待老大和老二的方式是否不同？父母對孩子說話的口氣、眼神等是否有所落差？如果有，那麼孩子會感到嫉妒是很正常的反應。

儘管大多數的父母都聲稱自己對待所有子女一視同仁，但在我的諮詢經歷中，經常看到有些父母會更親近與自己個性較合的孩子，或者根據性別和出生順序而有不同的對待方式。出於本能，孩子們都能夠在父母的教養中感知到落差，這並非毫無根據的嫉妒。當然這也源於孩子心中原始的競爭心理，但為了緩解這種狀況，我們應該以公平的方式來對待孩子們。

雖然每個人都有偏好，卻鮮少有人願意坦承自己偏心。當父母表現出偏坦的行為時，這會對孩子產生何種影響呢？在諮詢的過程中，我發現孩子們雖然常常困擾於生涯規劃、同儕關係和學業表現等事項，但最讓他們感到困擾的問題卻是「不公平的對待」。有相當數量的父母未能公平對待他們的子女們，這一點遠遠超過了我的預期。父母的偏心在孩子成長的過程中持續產生深遠的影響，甚至在成年後，孩子心中仍然帶有傷痛。

心理學家認為，孩子們天生具有一種動物本能，他們非常擅長識別自己在父母心目中的地位。他們會辨別自己是否為父母的偏愛對象，並配合這點來調整自己的行為，這對孩子的成長產生了重大影響。

根據美國楊百翰大學Brigham Young University的亞歷克斯・詹森Alex Jensen教授團隊對二百八十二個擁有十幾歲兄弟姐妹的家庭所做的研究顯示：感受到被父母忽視的孩子，有超高的可能性會對藥物、酒精、香菸等上癮；稍微感受到差別待遇的孩子，有超過兩倍以上的成癮可能性；嚴重感受到差別待遇的孩子，則有超過四倍以上的成癮可能性。此外，他們也更容易產生焦慮、低自尊和罹患憂鬱症，更想透過追求愛情來獲得「我是特別的人」的感覺。

不過，受到父母偏愛的孩子未必就比較幸福，他們承受了父母的稱讚和期望，但如果在出社會後未能獲得關注，他們就必須克服沮喪和挫敗感。同時，面對受到差別待遇的兄弟姐妹，他們也會產生同情和愧疚之心，這可能會導致心中留下創傷。此外，他們也可能成長為「不成熟自戀型」的人。

父母應該要認同每個孩子原有的模樣，每個人都應該受到公平和公正的對待，這一點要由父母親身示範。

「我討厭弟弟妹妹！」說出這句話的孩子的內心世界

當孩子說出「我討厭妹妹！我希望妹妹消失！」這樣的話時，父母不該只聽到表面的內容，而是要把這句話視為孩子憤怒和沮喪的情緒表達，並給予適合的回應。

請對我一視同仁。
姐姐有新衣服，為什麼我的不是新的？
為什麼你們每次都陪弟弟一起玩，卻沒有陪我玩呢？

請讓孩子們感受到，不需要相互競爭也可以獲得足夠的愛。當父母展現出「會以充滿愛的心情公平對待所有孩子」時，孩子們就會減少透過競爭來爭取愛的舉動。

讓兄弟姐妹相互理解的方法

我們應該如何公平公正地對待孩子們呢？兄弟姐妹之間的關係，有時也可以被形容為一種「競爭關係」。從老大的角度來看，他可能會感到難過，因為弟弟妹妹與父母共度的時間更長；以弟弟妹妹的角度來看，他們可能會因為老大在各方面表現優秀，卻不願意陪他們玩耍而感到傷心。

即使父母已經盡量公平對待，孩子們仍然可能因為處於不同的立場而感到受傷和委屈。特別是如果父母過分強調老大的責任感，或者在孩子之間的關係上，要求老大要更加忍耐，那麼老大可能會把弟弟妹妹視為幼稚又討人厭的存在，態度上也變得冷漠並忽視他們。

為了減少兄弟姐妹之間的衝突，建議可以嘗試以下兩種方法：

第一，與孩子一起嘗試角色扮演。

讓我們以書中提到的情境，或者兄弟姐妹之間實際發生的衝突情境來嘗試角色扮演。如果家中有人偶或玩偶等道具，也可以善加利用。

「媽媽要來扮演姐姐的角色，你想扮演妹妹嗎？」

透過角色扮演能夠理解彼此的處境，並間接體驗到對方可能會感到難過的部分。

第二，讓孩子事先練習發生爭執時，該如何解決爭端。

當孩子們之間因為各種問題而爭吵時，若父母強硬干涉或生氣，反倒會產生反效果。對於競爭心理強烈的孩子而言，起衝突是很正常的事，不需要認為爭執一定是不好的，引導孩子練習「解決衝突的方法」更有效果。

「媽媽不知道你們之間發生了什麼事，所以無法說些什麼。你們兩個可以先坐下來談談、試著兩個人一起解決問題，如果需要幫助再告訴媽媽，這樣好嗎？」

這麼一來，孩子們通常會相互道歉或溝通，然後宣布「問題解決了」。

「你們是如何解決的呢？」

「我承認我錯了，然後向妹妹道歉。妹妹也向我道歉，說對不起她打了我。」

現在爸爸媽媽在吵架嗎？
——試圖調解爭執的孩子

有次在車上，和老公聊到一半，就因為彼此意見不合而提高音量，坐在後座的孩子突然說了一句話：

「爸爸媽媽是在吵架嗎？」

「沒有，我們只是因為意見不合而在討論。」

夫妻之間在日常對話中，有時會因為意見不合而發生衝突，到後來可能會忘記有孩子在旁邊，只專心在對話內容上，結果講話的音量就越來越大。當父母的講話音量變大時，孩子會感到害怕；如果夫妻之間沉默不語，導致家中的氣氛變得冷淡，這也可能會讓孩子感到不安。

在父母吵架時，孩子們會出現什麼樣的反應？有些孩子可能靜靜地察言觀色並乖乖聽話；有些孩子則會積極地扮演中間橋樑，試圖改變局勢；還有一些孩子可能會表現得若無其事，繼續認真玩耍。儘管每個孩子展現出的模樣都不同，但我在進行諮商的過程中發現了一個事實：每個孩子都會把這個狀況放在心上。個性特質不同，應對的方式也有所差異，但每個孩子在心理上都會感到焦慮，只是展現出來的舉止不一樣罷了。

面對父母爭執的孩子的內心世界

孩子表面上在詢問：「爸爸媽媽正在吵架嗎？」但其實他們心中都感到焦慮不安，因為孩子非常清楚父母正在吵架。

請不要吵架，為什麼你們要吵架呢？
爸爸媽媽不是告訴我，不應該和弟弟妹妹或朋友吵架，應該要和睦相處嗎？
我現在好焦慮、好害怕，我的心情也變得不好了。
是因為我才吵架的嗎？是因為我上次做錯了，所以爸爸媽媽才吵架的嗎？

在諮詢過程中，孩子們很常自然地談論到的話題之一就是「父母吵架」這件事。

這代表孩子們想要宣洩不舒服的情緒。當我詢問孩子看到父母吵架的感受時，他們通常會回答「很害怕」、「很沮喪」、「我覺得爸媽是因為我才吵架」。父母在孩子面前吵架，會引發孩子的負面情緒，如沮喪、內疚和恐懼等。

如何讓孩子理解父母的衝突

每個家庭的夫妻起衝突的狀況都不同，孩子們理解衝突的方式也不盡相同。沒有父母會故意在孩子面前吵架，但倘若不小心在孩子面前起了爭執，可以採取以下方式來應對。

第一，展現父母和好的過程。

前一天明明還看到父母吵架，隔天卻看到父母若無其事地笑著聊天，孩子可能會覺得很困惑，建議要對孩子說清楚兩人從爭執到和好的過程。

「昨天爸爸和媽媽各自有不同的意見，因此爭吵了起來，但持續對話後，發現是我們對彼此有一些誤解，所以爸爸和媽媽互相道歉了。」

第二，吵架後與孩子充分交談，並一家人共度快樂時光。

「爸爸媽媽講話的聲音太大聲，嚇到你了吧？我們很抱歉。」

首先，要讀出孩子被嚇到的心情，然後告訴他們：

「儘管爸爸和媽媽的意見不同，但這並不代表我們不愛對方，也不代表我們不愛你喔！」

當父母為了孩子的教育問題或者養育問題而爭吵，孩子聽到父母談論到自己時，極有可能會認為自己就是父母吵架的原因而產生內疚感。在這種情況下，父母一定要告訴孩子，兩人之所以爭吵並不是因為孩子做錯了什麼。

事實上，即使夫妻爭吵後和好，也不代表所有的情緒問題都被解決了。這時候，規劃全家人一起外出遊玩也有助於情感的修復，可以準備食物出門野餐或郊遊，逐漸減少彼此的尷尬感，並提供關係修復的機會。

第三，找出夫妻之間的特有爭吵方式。

很多專家都建議，夫妻間發生爭執時，要盡量避免讓孩子親歷其境。然而，大多數的爭執往往是在自然對話中，當意見不一致或被激起情緒時不自覺地發生，彼此的音量也可能在不知不覺間提高。要在起爭執的過程中，臨時停下來安撫孩子或移動到孩子不在的地方繼續對話並不容易。

這時，暫時停止口頭對話，以書面方式延續對話也是一個不錯的方法。透過文字紀錄下來的想法和情緒會一直保留，因此相較於相互指責，更容易寫下自己的情感反思。有時候不一定要面對面交談才能解決問題，也不需要當場就吵個輸贏。當然，有些事情需要達成共識，但請記住，大多數的問題都無法立即解決。

PART 05

孩子為什麼說出愛的言語？

以「溫暖傾聽法」為原則
建立孩子健康的自尊心

不熟練的言語中蘊藏著孩子真實的內心

「雖然和朋友吵架了，但只要在媽媽懷中，我就能得到安慰。」

「我在學校覺得很累時，想到爸爸媽媽的愛就可以得到力量。」

「當媽媽擁抱我的時候，我會感受到安全感。」

「媽媽，請稱讚我！」、「我要抱抱！我要親親！」、「你比較喜歡我，還是喜歡弟弟妹妹？」有些孩子不斷地追求愛的確認。這些孩子也會常常說：「我想要帶一些糖果給朋友們」，細心關懷身邊的人。

善於表達愛的孩子，通常擁有強烈的愛的需求，也會關注別人是否需要幫助，因此比起專注在自己身上，他們更關注朋友的興趣。他們很會關懷別人，待人親切且熱心助人，與朋友待在一起會很開心，在聊天時，他們也會給予讚美和提問。交朋友對他們來說是一件很重要的事情，他們總是很擅長觀察周圍的氛圍和情境。

由於這些孩子總是先為他人著想，有時也會感到壓力。他們努力表現得像一個乖小孩，因此有時無法坦承自己的想法、心情和感受。他們高度重視與朋友之間的關係，容易受到周圍環境的影響，正因如此，如果與朋友之間的關係出現問題，他們就會深受傷害。

對於那些經常使用愛的言語的孩子，最重要的是讓他們感受到父母或其他家人的愛。此外，需要鼓勵孩子養成先照顧自己需求的習慣，幫助他們充分表達自己的意見，藉此培養獨立性。

透過以下幾個問題，可以更好地理解使用愛的言語來說話的孩子。

・你喜歡爸爸媽媽怎麼對待你？
・爸爸媽媽對你做什麼事時，你會感受到爸爸媽媽真的很愛你呢？
・從1到10，你覺得你被愛的指數是多少呢？

孩子的言行舉止中蘊含著關鍵資訊。除了可以透過上述的問題來瞭解孩子，仔細觀察孩子如何表達愛也是非常重要的方法。請留意孩子通常都向其他朋友或長輩表達什麼內容，也豎耳傾聽孩子提出的核心需求。對於渴望愛的孩子來說，「我是為了接受愛而誕生的。」這個認知很快就會與他們的自尊心產生連結，而當愛的需求獲得滿足時，他們就能擁有健康的自尊心。

愛有可能被視為一種被動情感，但其實「愛」是一種主動行為。德國心理學家埃里希・佛洛姆Erich Pinchas Fromm在他的書《愛的藝術》中，將愛形容為「驅動人去做事的能力」，也就是一種「藝術」，並提出了四個愛的基本元素：照顧、責任、尊重和瞭解。許多人認為「愛孩子」是一種自然的母愛、父愛，不需要特別經過學習，但其實愛並非模稜兩可的感受，而是具體的行為展現。

那麼，面對經常使用愛的言語的孩子，我們該如何幫助他們養成健康的自尊心呢？首先，父母應該專心聆聽孩子說話。傾聽、共鳴、提問、鼓勵和安慰，這些回饋方式都能夠提升孩子的自尊心。

請稱讚我！——渴望被認同的孩子

二〇一〇年韓國EBS的紀錄片《學校是什麼》的第六集，播出關於「稱讚的反效果」內容，震驚了社會大眾。在韓國有句俗語說：「稱讚能讓鯨魚跳舞。」所以父母在養育孩子時，都不斷地稱讚、稱讚再稱讚，但是竟然說稱讚會有反效果！這件事讓養育孩子的父母和學校老師錯愕不已，真是令人意想不到的大逆轉。

儘管如此，在我進行諮商和舉辦講座時，仍然會遇到不曉得稱讚技巧的父母，以及渴望被稱讚的孩子。在進行國小的學習諮商和團體諮商中，當我詢問孩子最希望父母對他們說什麼時，答案總是如出一轍。不管是哪所學校、是一年級還是五年級，答案都一樣，那就是「你做得很好」這樣的話。

大多數父母都表示，除了「你最棒」、「好乖喔」、「做得好」之外，不知道還可以用什麼方式稱讚自己的孩子。父母都知道稱讚很重要，所以努力執行稱讚，但當父母開始稱讚孩子時，卻總是講出差不多的內容。

父母之所以無法用多種方式來表達讚美，跟社會文化有很大的關係。韓國的家長本身成長在一個更關注錯誤而非關注成功的文化中，由於缺乏被稱讚的經驗，所以稱讚對他們而言很不自然，面對希望得到更多稱讚的孩子，便可能感到無所適從。

以下是一些常見的例子：

「我有陪弟弟一起玩，請稱讚我一下！」

「哇！你有陪弟弟玩啊！你真是個很棒的姐姐，弟弟很幸福耶！」

「媽媽，你知道因為弟弟，我的壓力有多大嗎？他隨便碰我的東西，還在我的筆記本上亂塗鴉！」

儘管父母已經給予了稱讚，為什麼孩子依然不滿意，還要告訴父母自己有多辛苦呢？孩子特別強調「與弟弟一起玩要很不容易」，實際上是在傳送「我沒有受到足夠稱讚」的信號。若遇到這種情況，該如何回應比較好呢？

「弟弟雖然帶給你壓力，你還是有陪他好好地玩耶！你是怎麼辦到的呢？弟弟讓你感到難過，你卻還願意跟他一起玩並善待他，這是很不簡單的事情！你有什麼特殊的訣竅嗎？」

孩子聽完這段話，肩膀就挺了起來，露出滿意的表情回答道：「是啊！我有好好陪弟弟玩喔！」

渴望得到稱讚的孩子的內心世界

我家老大覺得和弟弟一起玩耍是一件了不起且值得自豪的事情，因此他也希望爸爸媽媽瞭解他的心意，總是要求爸爸媽媽稱讚自己。

希望爸爸媽媽能知道，我真的是一個很棒的人。我做得這麼好，希望你們能充分瞭解到這件事。而且，我也希望得到爸爸媽媽的關心。當爸爸媽媽稱讚我的時候，我感覺到自己被愛。

每個孩子都喜歡被稱讚，特別是那些在個性特質上，對於「被愛」和「被認同」擁有強烈渴望的孩子，需要得到更多的稱讚來滿足他們的需求，因此會更常要求父母稱讚自己。這是因為當他們聽到稱讚時，可以感受到父母的關注和愛。

對父母的言語反應較為敏感的孩子，能夠感受到父母的稱讚是否出於真心。這些孩子的情感較為細膩，他們可以出於本能地分辨出哪些是真心的話語、哪些是隨口說說的話語。

那麼，各位家中的孩子，最喜歡聽到什麼樣的話呢？當他們聽到什麼樣的言語時，會感受到自己被稱讚，並覺得心滿意足呢？即使父母一律都說「你做得很好」，每個孩子也只會聽自己想聽的，並用自己的方式來理解這些稱讚。

「我支持你，我為你感到驕傲。」、「你可以做得很好的，你會成功的。」、「這點子很棒！」、「你對朋友很體貼耶！」、「你足球踢得很厲害耶！」等等，這些都是很棒的稱讚。然而，有些孩子聽了會哭喪著臉，有些孩子聽了則會深受感動，每個孩子想聽到的稱讚內容都不一樣。

有效的稱讚方法

除了思考孩子的狀況，不如也思考一下父母自己的狀況吧！當自己收到什麼樣的稱讚時，會感到最心滿意足呢？每個人一定都有自己喜歡被稱讚的方式，所以就算稱讚說得再好聽，如果那句話並不真誠，也不是自己喜歡的方式，被稱讚的人就不會感到高興。即使那句話再怎麼棒，如果被稱讚的人不認為那是稱讚，一切就毫無意義。

那麼，您是否清楚自己的孩子喜歡什麼樣的稱讚呢？如果還不曉得，直接詢問看看吧！

「你最喜歡聽到什麼樣的稱讚？」

「最近爸爸媽媽跟你說的話當中，有哪些話讓你印象深刻？」

「你聽到什麼樣的話，會讓你產生『我很不錯』的想法？」

孩子們可能不會立刻給出答案，因為這樣的問題也許是他們之前未曾經歷過，或是從未思考過的。然而，當他們被問到這種問題時，會感受到父母的尊重和重視。除了提問之外，用以下的說話方式來表達感激，也會形成一種稱讚：

「你幫了爸爸一個大忙，謝謝你。」

特別是在對待個性特質上極度渴望被認同的孩子時，建議要充分地表達，讓他們感受到被認同，要讓孩子聽得心滿意足，甚至開心到跳起舞來。

我們家的老大，當聽到令他滿意的稱讚時，就會發出帶有撒嬌的「嗯～」聲音，然後躺進媽媽懷中磨蹭或者跳舞。值得留意的是，每個孩子對稱讚的反應都不一樣，所以如果遇到了被稱讚卻沒有什麼反應的孩子，不需要感到失望。

身為父母，我們應該時時刻刻檢視自己是如何給予稱讚的，現在就讓我們詢問自己一個問題：我都如何稱讚孩子呢？或許您可以充滿自信地回答：「我常常稱讚孩子。」然而，如同上述所提及，父母應該透過詢問孩子問題，來檢視這些稱讚是否有發揮效果。

此外，我們有時候也會產生「孩子沒有什麼值得表揚」的念頭，這想法可能源於我們認為孩子的行為是理所當然的，或者無法正面地看待孩子。如果認為「孩子陪弟弟玩耍」或者「考試成績超過90分」都很理所當然，父母就不會輕易地給予稱讚。

你常常給予孩子稱讚，還是對孩子無話可說呢？這取決於我們用何種角度來看待孩子。如果我們不斷地尋找孩子的優點，稱讚的言語就會自然地吐露出來，但如果我們只看到孩子的缺點，認為需要責備或教育孩子，我們就會不斷地給予指示、發號施令。只要改變觀看的角度，孩子看起來就會不一樣，也會發掘更多值得稱讚之處。

—不聽長輩講的話，個性很固執。
↓**不容易屈服於權威，有自己的主見。**
—愛找各種藉口。
↓**很會動腦筋，想出各種點子。**
—懶惰。
↓**游刃有餘。**
—容易放棄。
↓**活在現實中。**

讀到這邊，也許您依然不太清楚該如何給予稱讚，這是因為不曉得稱讚的技巧或缺乏稱讚的經驗。這種情況下，只要學習稱讚的技巧並應用於孩子身上就行了。對於幫忙跑腿的孩子，不要只是說「你好乖」，而是要點出孩子實際上做到的事情，對他說：「你幫忙跑腿了啊！」

面對學習能力卓越的孩子，與其稱讚他：「你真聰明！」建議可以對他說：「為了提升成績，你真的花費很多心思耶！」此外，與其只是稱讚「你畫得真好！」不如針對圖中的場景稱讚：「你畫的圖畫活靈活現，就像主角真的活著一樣！」這種類型的稱讚方法被稱為「描述型讚賞」、「詮釋型讚賞」。

有些人對於「評價式讚賞」持有負面看法，但我認為並沒有必要完全禁止。其實，當孩子缺乏肯定性的稱讚時，無論給予何種類型的稱讚都極具意義，有時候孩子自己也期望能獲得評價式讚賞。只不過，我們可以逐漸從「評價式」轉變成「描述型」和「詮釋型」的讚賞。

雖說要給予稱讚，但不需要總是用「哇！」這類很浮誇的語氣，只需根據實際情況來表達就很充足了。

如果孩子把飯全都吃完了，可以說「你把飯吃得一乾二淨耶！」；如果看到孩子正在陪弟弟妹妹玩耍，可以說：「你陪弟弟（妹妹）玩得很開心耶！看到這樣的場景，媽媽覺得很高興喔！」等等。

倘若真的毫無頭緒、不知道該說什麼稱讚的話，那也可以試著向孩子表達鼓勵和感激之情。

「謝謝你今天當爸爸健康的女兒，陪伴在爸爸身邊。」

「謝謝你今天也滿臉笑容地和媽媽聊天。」

我要抱抱，我要親親！——喜歡肌膚接觸的孩子

「我們家是雙薪家庭，在孩子五歲之前，大部分的時間都是爺爺奶奶在帶，六歲開始才由我親自照顧。我已經給了他滿滿的愛，但他依然很渴望愛嗎？他已經十歲了，還是常常對我說：『我要抱抱，我要親親！』然後一直跟在我身邊。」

隨著年紀增加、升上小學後，大部分的孩子會自然地減少情感表達。他們長得更高大、說話更流利也更多方學習後，表達情感的方式也隨之改變，過度的情感表達可能顯得不太適合他們的年齡。這麼說來，討抱抱和親親的情感表達在幾歲時是比較適當的呢？

育兒並沒有一個固定的正確答案。育兒的方法會根據每個孩子的特質而有所不同。從孩子的角度來看，父母只要持續提供肌膚接觸，直到孩子不再需要為止，就是合適的。儘管從父母的角度來看，孩子的需求似乎不太符合孩子的年齡，這也可能讓父母感到尷尬，但實際上我們並不需要將其視為一個問題。即使孩子已經是小學高年

級了，如果孩子需要父母的擁抱，父母完全可以透過肌膚接觸來表達情感。特別渴望肌膚接觸的孩子確實可能存在情感缺乏的情況，但也可能是天性使然——天生就是個喜歡親密感的孩子。然而，無論是何種情況，孩子想與父母分享情感的心情都是一樣的。

肌膚接觸對於父母和孩子之間的依附關係有重要的影響。一九七八年首次在哥倫比亞波哥大實施「袋鼠護理」，作為缺乏嬰兒保溫箱的替代方法，現今已在多個醫療發達的國家中廣泛應用。所謂的「袋鼠護理」是指將嬰兒的胸部放在媽媽的胸前，並用手撫摸嬰兒背部，藉此幫助新生兒保持體溫、提高情緒穩定性且增強免疫力的育兒方法。英國兒童健康學教授喬伊．朗Joy Lawn博士在她的研究論文〈為預防早產併發症造成新生兒死亡的袋鼠護理〉中指出，袋鼠護理是可以使早產兒存活的最有效方法。透過母親和嬰兒之間的肌膚接觸，可以刺激嬰兒的特殊感官纖維，促使催產素分泌增加，進而緩解嬰兒的疼痛，同時帶來產婦心理的穩定效果。

從嬰兒時期開始，我們會自然而然地擁抱和親吻孩子的臉頰。孩子喜歡母親溫暖的懷抱和觸感，即使長大成人，仍然會記得自己在嬰幼兒時期被母親擁抱、感受到安慰和鼓勵的經驗。

在我擔任幼兒園教師時，曾經有一位六歲的孩子經常在自由時間中，特地來找我、抱抱我之後再去玩。當孩子無法從父母那裡得到充足的愛，他們有可能會從可以花最多時間陪伴他們並滿足他們需求的人那裡尋找愛。在我的諮詢經驗中，我經常遇到一些父母對於肌膚接觸感到尷尬或不舒服，他們有時會形容孩子的肌膚接觸為「黏糊糊」。

再次強調，只要孩子有需求，就算肌膚接觸過於頻繁也不成問題。雖然初次嘗試可能會感到陌生和尷尬，但只要努力熟練，最終會像習慣一般融入日常生活中。

在與孩子諮商時，就算沒有提問，他們有時候也會主動提及與父母的關係。「小時候媽媽很常抱我，但現在不會了。媽媽只會告訴我該做什麼事情。」

孩子們並不會因為長大了，就認為不再需要父母的肌膚接觸，當父母擁抱和親吻自己時，他們依然能感受到愛、獲得安全感。對於觸感較為發達的孩子而言，親子之間的肌膚接觸尤其重要，透過與父母健康的肌膚接觸，他們學會尊重自己，同時也學會尊重他人的身體。

渴望肌膚接觸的孩子的內心世界

當一個十歲的孩子說：「媽媽，我要抱抱！我要親親！」有很大的可能性是他們渴望被愛。孩子們會感到很奇怪：「我小時候，媽媽經常這樣做，為什麼現在不再這麼做了呢？」他們並不會因為長大了，就覺得不再需要肌膚接觸。

我確信，當媽媽擁抱我、親吻我時，我會感受到愛、感受到安全感。只要待在媽媽的懷中，就算因為媽媽很忙碌而無法陪我玩、就算我與朋友吵架了、就算我去學校和補習班很疲憊，這些情緒都可以被排解而獲得安慰和力量。

父母覺得孩子已經長大了，不再像小時候照顧嬰兒那樣跟孩子親密互動，但對那些極度渴望被父母寵愛的孩子來說，單純用言語來表達愛是不夠的，我們需要常常擁抱孩子，讓孩子充分感受到父母的關愛。

與孩子有效地肌膚接觸的方法

一提到肌膚接觸Skinship，通常會想到撫摸孩子的頭或擁抱他們的畫面。但其實「肌膚接觸」並不侷限於這類行為。由於每個孩子對肌膚接觸的喜好不同，按照孩子願意的方式進行才會有效果。就算肌膚接觸很重要，但也不是做越多越好，瞭解孩子的意願和喜好更為重要。

為了健康的肌膚接觸，我們需要教導孩子他們身體的珍貴性，同時也要教導他們擁有身體的自主權。透過這樣的教導，孩子可以與各種人建立正確的人際關係，進而學會尊重他人的方法。

第一，建立肌膚接觸的日常習慣。

對於那些需要透過肌膚接觸來確認愛意的孩子而言，肌膚接觸是他們生活在這世界上的原動力。

孩子的肌膚被稱為「第二個大腦」。許多研究顯示，經常與父母進行肌膚接觸的孩子，免疫力會增強，社交能力也會比較發達。安全的依附關係是社交能力和情緒發展的基本條件，與父母建立安全依附關係的孩子較有安全感，也能形成正面的自我肯定感。此外，孩子處在新環境時也會主動探索，進而達成認知發展。

除了幼兒時期之外，在孩子長大後，每天幫孩子輕輕按摩四肢、睡前擁抱、親吻臉頰，或幫孩子在臉上塗抹乳液，這些舉動都能讓孩子感受到被愛。在孩子玩耍時，輕輕撫摸他們的頭或背，或者在玩遊戲的過程中，跟孩子擊掌「High-Five」也是不錯的方式。在日常生活進行微小的肌膚接觸，可以幫助孩子建立安全的依附關係。

孩子長大後，與父母肌膚接觸的情形會逐漸減少，因此即使孩子不習慣，建議也要在孩子成長過程中，努力地與孩子維持肌膚接觸。

以下提供日常進行肌膚接觸的方式作為參考：

擊掌問候法

這是送孩子上學前的問候方式。跟孩子面對面，做出擊掌動作、手背相碰後，呼喊「今天加油！」。

建立擁抱慣例

建立一天擁抱三至四次的習慣，可以選在早上起床時、分別時、再次見面時、睡覺前等時刻。

第二，四目相交說話是肌膚接觸的基礎。

與孩子之間累積親密感最有效的方法就是說話時四目相交。四目相交是孩子成為青少年後，也能展現的情感表現方式。一天只要十分鐘就夠了。在聽孩子說話時以溫暖的眼神望著孩子，這樣的行為是累積與孩子之間信賴的基礎。

加拿大卡加利大學University of Calgary的兒童發展專家雪莉・馬迪甘Sheri Madigan強調，

在肌膚接觸之前要先透過跟子女對話來累積親暱感。健康的肌膚接觸會帶來安慰，但如果跟孩子之間還沒有親暱感就直接肌膚接觸，反而會增加不安感。

父母越常對孩子說「等一下」，孩子們越會放棄對話。為了跟孩子建立信賴感，應該要讓他有信心：「父母認為我很重要」。所以，即使在忙其他的事情，如果孩子說話了，還是要盡可能暫停原本的事，並在跟孩子四目相交的狀況下傾聽他說話，而不是說「等一下，我先做這件事」。

第三，透過遊戲輕鬆地進行肌膚接觸。

基本上孩子喜歡玩遊戲，即使同樣是在學習，如果用玩遊戲的方式，就能提升專注力和趣味。利用親暱的肌膚接觸進行的遊戲，可以讓孩子與父母一起度過有趣的時光，也有助於形成依附關係。

遊戲	遊戲方法
用手畫圖後猜答案	在手掌或背上畫出如星星、月亮、圓、三角形、四角形等圖形，或寫下名字或簡單的字詞後猜答案。父母和孩子輪流進行。
猜手指遊戲	用五根手指中的一根手指點一下後頸或背，再猜出是哪根手指。
什麼和什麼一樣？	和孩子一起站在鏡子前，互相模仿表情或互相指出身體部位，自然地引導肌膚接觸。
坐飛機	躺下後讓孩子趴在自己腿上，並牽著孩子的手，迅速把腿抬起和放下，能讓孩子體驗不同的視野。
手指謠	父母和孩子一邊念唱童謠，一邊讓孩子連續抓住大拇指或互推手掌等搭配手部動作進行。
按身體部位問候	將額頭、鼻子、臉頰、手肘、手掌、臀部、腳掌等，貼在彼此的身上來打招呼。 「哈囉，你有睡好嗎？我們互相用腳掌打招呼吧！」 「去幼兒園開心地玩吧！我們要不要用屁股來說拜拜？」

看著我，牽著手手睡覺！
——需要依附對象的孩子

「我們家孩子小時候睡覺會吸手指，我為了制止他，就建議他摸著耳垂入睡，結果後來他養成習慣，現在小學四年級了，在睡覺時仍然會摸自己的耳垂。這樣會構成問題嗎？」

在幫父母進行諮詢時，我偶爾會聽到關於孩子依戀物品的故事。有些孩子會將母親的肩帶當作依戀物品，早上起床時會一邊吃飯一邊摸來摸去。有些孩子則會在入睡時撫摸兄弟姐妹的手臂或腿，這也可能會打擾到其他人的睡眠。如果依戀物品是一條毯子，那麼外出旅行時，如果沒有帶著毯子出門，孩子就會很難入睡。

在嬰幼兒時期，孩子入睡時通常會伴隨一些特定的行為，例如，撫摸父母的頭髮、摸耳垂、腿部或手肘等身體部位。倘若孩子在睡著後驚醒，開始尋找父母，這可能會導致父母的睡眠品質降低。如果這種行為變得過於嚴重，父母也會感到疲憊和困擾，甚至對孩子發脾氣，要求他們停止這種行為。

「媽媽，不要背對著我！媽媽牽著我的手、看著我睡覺。」

我們家老大小時候，每當難以入睡時，就會吸吮手指、摸自己的肚臍或者摸媽媽的肚臍，藉由這些動作來努力讓自己睡著，而我們家老二則會抓媽媽的手指，或者規律地捏著指甲入睡。在這種情況下，表示孩子需要一個依戀物品作為中間輔助來替代父母的角色。孩子在與媽媽分離並成為獨立個體的過程中，依戀物品會取代媽媽的溫暖和照顧，並提供心理上的安全感。英國的小兒科醫生兼精神分析學家唐納德·溫尼科特Donald Winnicott強調：「為了讓與媽媽分離的孩子能夠自我獨立，需要中間物品、中間角色或中間空間。」

當然，並不是所有的孩子都需要依戀物品。以我家孩子為例，當他們逐漸長大後，撫摸媽媽的肚臍和手的次數便減少，最後這樣的行為就自然而然地消失了。雖然當時我給了孩子玩偶作為依戀物品，但孩子只有玩幾次，就再也不玩了。而有些孩子根本不需要依戀物品，不需要刻意給他。我家老二不會從一個娃娃身上感受到依戀，而是喜歡在睡前，身旁放置四到五個娃娃，還會幫娃娃蓋上毯子。儘管如此，他偶爾還是需要媽媽的手才能入睡。每個孩子對待依戀物品的程度都不同。

孩子通常會根據出生後的第一年中，從養育者那裡感受到的五官刺激，作為選擇依戀物品的參考標準。等孩子到了二至四歲，他們會開始需要中間物品，例如毛毯、玩偶或媽媽的衣物等；到了六至七歲，孩子的關注點就會轉向朋友和遊戲上，對依戀物品的執著也會減少；當孩子進入小學高年級時，自然而然就不再需要依戀物品了。

需要依戀物品的孩子的內心世界

需要撫摸父母一部分的身體才能入睡的孩子，心中在想些什麼呢？

我想睡覺，但討厭與媽媽分離。
我在入睡時想摸摸媽媽的手指、頭髮、手肘。
只要碰到媽媽的身體，就會感覺跟媽媽連結在一起，心情也會變得舒暢。
和媽媽分離實在太可怕了。

對於孩子在入睡時感受到的恐懼和不安，我們應該予以理解。孩子感受到焦慮的原因有很多種，但通常跟「和媽媽分離」與「怕黑」有關。與其對孩子說「不要再這樣了！」、「不要摸媽媽的肚臍！」、「你按壓媽媽的指甲，媽媽會很痛！」，不如直接幫孩子尋找替代媽媽身體的依戀物品。

「要不要抱著娃娃一起入睡呢？娃娃好像睡不著耶！我們要不要幫他唱首催眠曲呢？」、「你現在心情如何？在你睡覺時，媽媽都會陪在你身邊喔！不要擔心！」可以用這類方式讓孩子感到安心。

與孩子建立健康依附關係的方法

依戀是孩子成長和情緒發展的重要基礎。父母可以在孩子入睡前，與孩子討論入睡時的情緒狀態為何？如果沒有撫摸父母的身體部位，他們的感受又會如何？這將會有效地減輕孩子與父母分離的焦慮和面對黑暗的恐懼。當孩子表達出自己的負面情緒時，他們就可以從父母身上獲得安慰。透過與父母之間的健康依附關係，孩子能夠感受到平靜。

第一，如果孩子需要撫摸爸媽的身體才能入睡，幫孩子找出中間物品作為替代。

如果孩子在睡覺時經常摸媽媽的身體，媽媽可能無法好好入睡，甚至會不自覺地對孩子感到煩躁。當孩子的年齡介於二至六歲時，可以透過孩子所依戀的物品來替代這種依賴感，例如使用柔軟的球或玩偶等替代品，有助於安撫孩子的敏感情緒。

第二，可以增加孩子的依戀對象和物品。

雖然每個孩子的時機和需求不同，但在成長的過程中增加依賴對象和物品是很合適的。幫孩子多添置一至兩個依戀的物品，有助於分散他們對某一特定物品的執著。

第三，在睡前運用遊戲來安撫孩子的不安感。

透過睡前簡單的遊戲，可以幫助孩子平息不安的情緒。

遊戲	遊戲規則
分享家人的十分鐘故事	—述說父母年輕時的故事、戀愛故事、直到擁有孩子之前的故事。 —述說孩子的誕生過程、抓周派對、被孩子深深感動的時刻、感謝孩子的事情等。
聆聽心跳聲	—孩子和父母把耳朵放在彼此的胸前，聆聽彼此的心跳聲。 —分享自己聽到的心跳聲。
棉被遊戲	—將棉被鋪開，讓孩子在棉被上滾動。 —把孩子放在適合的棉被上，然後像捲海苔飯捲一樣，用手捲起棉被，也模仿切飯捲的動作，用手切棉被、假裝要把棉被吃掉，搔癢孩子的身體。
餐桌帳篷	—將餐桌清空，也把椅子移開，然後在餐桌上蓋上兩張薄被。 —在餐桌底下放置柔和的照明，一起躺著或聊天。

你喜歡我，還是喜歡弟弟妹妹？
——比較父母的愛的孩子

如果是擁有兩個以上孩子的父母，可能曾經聽過孩子問這樣的問題：「弟弟（妹妹）和我，你要選哪一個？」為什麼孩子會有這樣的問題呢？他們希望聽到什麼樣的回答呢？

兄弟姐妹之間的關係是許多父母的煩惱之一。在希望孩子們之間相處融洽的期盼下，父母有時候可能會對長子或長女設立過高的要求。

「我家大兒子因為踩過正躺在地板上的弟弟而被我嚴厲責備。我對他說：『你是哥哥，應該要愛護弟弟，為什麼反而做出這麼壞的舉動？你這壞舉動究竟是從哪裡學來的？』」

我詢問來諮詢的母親，她的大兒子幾歲了。

「他四歲。」

有時候，父母會忘記一個事實：長子、長女也是期盼得到父母全心愛護的小孩。

他們明明年紀還小，卻因為身分關係，被父母以大人的方式來對待，尤其當家中小孩的年紀差距較大時，這樣的情況更加普遍。

「我的身體只有一個啊！老二現在還需要餵奶，怎麼可能同時照顧老大呢？」老大在老二出生後會明顯感受到家庭氛圍的變化。本來自己獨占了父母的愛，現在父母卻對弟弟妹妹展露更多的笑容，還花了比較多的時間照顧他們。原本世界都繞著自己轉，父母的中心是「自己」，但在不知不覺間，自己的位置似乎被奪走了，而奪走位置的人正是弟弟妹妹。「爸爸媽媽該不會不愛我了吧？」出於這樣的想法，孩子可能會脫口問出這個問題：「媽咪，你比較喜歡我，還是喜歡弟弟（妹妹）？」

拿愛做比較的孩子的內心世界

孩子之所以會提出這樣的問題，是因為他非常想確定自己是家裡的一份子、父母是真心愛著他的。雖然父母認為自己有配合孩子的年紀來教養，但老大看著父母和藹地照顧弟弟妹妹的模樣，自然會認為父母親的對待方式有落差。

希望有人可以幫我平息心中不斷冒出的奇怪心情。
我覺得家中似乎沒有屬於我的位置。

孤獨的感覺會在孩子心中扎根。在我家老大小學三年級時，曾經這樣說：

「媽媽，我好想當家中第二個小孩。」

當時我不經意地回答：

「你小時候只有獨自一個人，所以比起弟弟，媽媽花了更多時間陪你玩，也給了你許多的愛，你不記得了嗎？」

然而，不論過去留下多少愛的回憶，孩子現在仍然渴望被愛，這種心情不容易解決。不管父母過去是否曾給予自己愛，孩子都希望「現在」能夠得到愛，孩子會拿父母以前付出的愛與現在做比較，甚至因此感受到更強烈的疏離和孤獨。

如何向孩子表達滿滿的愛

老大如果認為父母只疼惜弟弟妹妹，會因此感到嫉妒，進而做出各種舉動。例如他會在父母親看不見的地方偷偷打弟弟妹妹，藉此表達自己的難過和孤獨，脾氣也會變得暴躁且愛鬧彆扭。他覺得弟弟妹妹的誕生奪走了父母的愛，因此感到害怕不安、壓力很大。

無論彼此年齡差距多少，孩子都想要獲得足夠的愛。如果孩子經常拿父母的愛來比較，那麼父母應該更頻繁、更強烈地向孩子表達「我愛你」。當父母以全身擁抱孩子，全心全意地表達愛時，孩子將不再感到沮喪和孤單，「媽媽愛我嗎？爸爸喜歡我嗎？」這般懷疑的心也會消失。

我曾經遇到一對父母，他們被建議要與長子做出祕密約定，告訴長子「比起弟弟，媽媽更喜歡你喔！」然而，我並不推薦這種做法。儘管孩子可能會暫時因為與母親之間有特殊的祕密而感到高興，但這並不能解決孩子的孤獨感和愛的需求。此外，說出「我比較喜歡你」這種話，對於兄弟姐妹之間的關係也不是一種理想方式。

那麼，在這種情況下，應該要如何對孩子表達愛呢？在理解孩子感受的同時，也要讓孩子清楚理解我們有多麼重視他們。遇到這種情況，我經常會分享「愛的籃子」的故事。

「每當有一個寶寶出生時，父母的愛心籃子就會多一個！因為你和弟弟出生了，所以媽媽有兩個不同的愛心籃子。媽媽知道你有時候因為弟弟的關係，需要耐心等待；媽媽無法花很多時間陪伴你，你一定感到很難過，也很有壓力。儘管愛心籃子是分開的，但媽媽只有一個身體，所以必須分配時間來使用。」

孩子比較性的提問方法	父母一般會給予的回覆	為了發展出更良好的關係，可以這樣說
你們比較喜歡我，還是比較喜歡弟弟妹妹？	我們愛你，也愛弟弟妹妹啊！	這個世界上你是獨一無二的存在，媽媽很開心有你來當我女兒。
我們之間誰唱歌唱得比較好聽？	你比較會畫畫不是嗎？	每個人擅長的東西都不一樣，不管做什麼，感受到樂趣是最重要的。
我希望弟弟可以消失。	你不可以說這種話！如果弟弟說「希望哥哥消失」，你會開心嗎？	原來你最近產生了這樣的念頭啊！要不要跟爸爸單獨去散步、聊天呢？
爸爸為什麼偏心只喜歡妹妹？	爸爸都一樣喜歡你們。	啊！原來你有這樣的感受啊！你希望爸爸怎麼對待你呢？

重點是要告訴孩子們不需要跟自己的弟弟妹妹比較或競爭。像是「你比較喜歡爸爸，還是喜歡媽媽？」這類的問題，大眾普遍知道這樣詢問不太好，但仍然有些成年人會故意開玩笑地問，這樣做是在強迫孩子做出難以抉擇的難題。如果孩子不斷聽到這類充滿「比較性」的問題，孩子可能會認為這也可以使用在兄弟姐妹之間。

在養育兩個或更多孩子時，會不斷面臨孩子們產生衝突的情況。在調解過程中，父母為了快速解決問題，常常會充當裁判的角色，幫忙辨別是非對錯，而孩子們就會像個機器人般說「對不起」和「沒關係」，然後感覺問題就解決了。

當然，「道歉」和「接受道歉」都是必要的，但是對於孩子之間經常性的衝突，最好的方法不是由父母直接介入、速戰速決，而是要藉由這個過程讓孩子們互相理解、學會關懷對方，應該要給予孩子們機會，讓他們透過對話來解開誤會。此外，在處罰的時候，與其單純處罰兩個孩子，不如試著提供「合作任務」，例如用紙和氣球互打，或者擁抱彼此一段時間。

我想帶糖果給朋友！
——樂於和朋友分享的孩子

「媽媽！我朋友今天帶糖果來分給大家，我明天也要帶糖果給朋友們！」

孩子從幼兒園回來後興奮地分享著，朋友在午餐吃完後親自把糖果分給大家的事。孩子感受到分享的樂趣，也希望得到關注，於是在家裡尋找可以分享的東西，或者向父母提出要求。這樣的孩子既重視父母的愛，也渴望從朋友那裡獲得愛和關心。

「媽媽，因為我今天分糖果給朋友們，他們都對我說了聲謝謝！」

孩子興奮地訴說著當時的情景，看得出來孩子感到既滿足又開心。

透過分享，不僅可以滿足孩子想被愛、被關心的需求，孩子也會發現，他有能力將自己擁有的東西分享出去。

善於分享的孩子喜歡送禮物給朋友，或是細心照顧他人，具有深厚的關懷之心。他們偶爾會得到「心地好善良」、「好乖喔」等讚美，也會聽到其他人稱讚他們擁有很好的社交能力。

「媽媽，我今天帶去的果凍，朋友不喜歡，所以他沒有吃。」
「是嗎？那後來怎麼辦？」
「喔～我後來就放回書包裡了。」
我從孩子的表情和語氣中，感受到他的心情不太好。
「朋友說他不吃果凍，所以你心情不太好嗎？」
「沒有啊！沒事啦！沒關係，我下次不要帶果凍，帶糖果就好。」
雖然孩子口中說沒關係，但從他決定要「改帶大家都喜歡的糖果」這點來看，他其實很失望未能得到他人的認可。

從寶寶出生到幼兒時期，他們需要父母無條件的愛，他們透過與父母之間的關係來學習並判斷什麼是愛，並且形成依附關係。在這個時期，為了在情感上得到滿足，孩子充分需要父母的撫摸、肯定的目光和專注的關懷，這時期的孩子對於父母的情緒擁有非常敏感的反應。

然而，一旦進入兒童時期，隨著社交關係的拓展，孩子會與同伴、學校老師等周圍的人建立關係，藉此滿足愛的需求。在這個時期，如果懂得與朋友適度交往，對於培養健康的自尊和穩固的社交基礎非常重要。

孩子對於「與朋友建立關係」產生興趣是非常自然的事情。到了青少年時期，父母的愛就要轉變為尊重，退一步以幫助孩子變得更加獨立。在這樣的成長過程中，孩子不僅可以獲得愛的滿足，最終也能在情感穩定的基礎上建立社交關係。

想送禮物給朋友的孩子的內心世界

對孩子而言，在朋友關係中感受到親密感就跟親子關係一樣重要。然而，如果孩子想透過送禮物或玩具來贏得對方的心，那也表示他的心中可能存有被拒絕的不安。

如果我沒有送朋友禮物，朋友會不會不開心？
如果朋友不跟我玩，我該怎麼辦？
如果朋友拒絕我，我該怎麼辦？

在與朋友交往並建立親密關係時，孩子也會缺乏自信。這種缺乏社交能力或對於朋友關係感到不安的情況，不僅會出現在對朋友關係採取被動態度的時候，也可能會出現在過於主動接近的情況下。若遇到這種情況，父母應該引導孩子設立規範，或幫助孩子建立自信。

讓孩子既能分享又能保護自己的方法

在這個彼此互助的社會中，瞭解對方的心意是培養社交能力和正面情緒的重要因素，因此應該告訴孩子「願意與朋友分享的心意」是很珍貴的，但同時也要教導孩子懂得保護自己的東西。

第一，告訴孩子禮物的價值。

如果孩子把昂貴的物品、新買的東西，或父母給的禮物送給朋友，我們應該先詢問孩子「為什麼這麼做」，再表達父母自己的看法。孩子可能會回答說：「沒有特別原因，只是因為朋友喜歡，所以就送給他了。」在這種情況下，如果父母用「這是爸爸買給你的耶！為什麼要送給朋友？」這樣的方式責怪孩子，孩子就會產生罪惡感，但如果父母無條件地要求孩子不要送東西給朋友，孩子可能會因此感到焦慮，害怕搞砸了朋友關係，或者會想要瞞著父母，偷偷地送東西給朋友。

遇到這樣的狀況，可以先對孩子說：「原來如此！你很喜歡朋友，所以送禮物給朋友啊！」如此理解孩子的心情，接著向孩子解釋該物品的價值和父母的心意。例如：「爸爸送你禮物的心意也很寶貴，你把它送給朋友，爸爸心情有點難過。」這麼一來，孩子就能夠明白父母的心意。

第二，教孩子區分「自己的東西」和「分享給他人的東西」。

建議可以將家裡的東西分類成「可以給朋友的」和「不能給朋友的」。這時孩子和父母的想法可能會有所落差。在父母眼中，玩具看起來也許很普通，但對孩子而言卻極其珍貴；在孩子眼中，學用品看起來不怎麼樣，但父母卻很重視。若遇到這種情況，可以互相分享原因，調整彼此的立場。當孩子與父母充分對話時，孩子就可以清楚分辨「可以分享的東西」和「不能分享的東西」的界線，也會豎立明確的標準。

第三，告訴孩子有許多不同的方法可以與朋友親近。

如果孩子認為只有給予對方某些東西才能保持友誼，我們應該告訴他們，友誼可以透過多種方式來表達與維繫，例如認真傾聽朋友的心聲、用好話讚美他、友善地對待他等等。同時，可以鼓勵孩子說出至今為止他對朋友所表現出的善意以及努力，讓他分享正面的經驗。無論以何種方式，我們都該成為孩子心靈上的支持，讓他們能夠自信地與朋友建立關係。

PART 06

孩子為什麼說出情緒化的言語？

以「尊重傾聽法」為原則
培養孩子的同理能力

不熟練的言語中蘊藏著孩子真實的內心

「我現在很清楚自己喜歡什麼、討厭什麼！」

「我想要表達自己的意見，我現在也有自己的主張了。」

「我正在成長。」

有些孩子會直接表達自己的情緒，「我突然很想哭」、「我的心情很差」、「我在生媽媽的氣」等等。他可能會在事情不如意時鬧脾氣說：「我在生氣啦！」或是在被拒絕時表現出敏感的反應：「同學說不想跟我玩」。

這些孩子在日常生活中，除了善於表達情緒或反應，有時會拋出意味深長的話，也有很多時候會流露出孩子特有的情緒，經常憑感覺說話，對自己的情緒賦予意義，傾向於深入觀察事物，或是陶醉在自己的想像中、沉浸在情緒裡。

孩子的問題直指本質且具有與眾不同的觀點，他們會說：「為什麼一定要那樣呢？我覺得不是耶！」他們喜歡美麗的事物，對藝術產生憧憬，或者擁有自己獨特的情緒與感性，給人一種很有創意的感覺。他們善於帶入感情，即使不是發生在自己身上的事情，也會當成是親身經歷一樣，對周圍的情況表現出敏感的反應，認真傾聽他人的故事，帶給人溫暖。

不過有時這種認真也會帶給對方負擔。另外，他們很容易在朋友間感到疏離，所以我們要幫助孩子自己承認這點，並擁有開闊的心胸。他們容易察覺到別人的心情，可能會配合對方的情緒來做決定，所以有時候會委曲求全，但大多時候是傾聽自己內心的聲音，因此無法明確說出為什麼會這麼決定。父母應該考慮到孩子這種特性並溫柔地理解，不應該以大人的身分嚴厲地審視孩子的主觀決定。

幼兒期是表達和形成自我情緒的重要時期。一般而言，到了兩歲就能用語言表達人類的基本情緒，三、四歲就可以將自己身體的反應和情緒連結起來，但還不清楚自己具體感受了何種情緒，所以只會反覆地說「不是」、「不知道」、「不想」、「不行」，也有可能無法以言語表達，而是以生氣、哭鬧或扔東西的方式來呈現。年幼時處理情緒的方式不成熟是理所當然的，孩子並不知道自己現在的心情如何，因為是這輩子第一次感受到這種情緒，所以可能會慌張。

孩子在表達情緒時難以考慮到他人，難以保持一定的距離觀察自己的感情，也很難控制情緒。大腦前額葉負責人類的記憶力和思考能力，也負責控制行為，但年幼的孩子不受前額葉的控制，只由負責表達情緒的邊緣系統控制著恐懼、喜悅和悲傷等情緒，因此勢必會以自我為中心，也會變得情緒化。

以下問題將有助於理解孩子的心情並同理孩子，請試著向他們詢問。

你今天的心情如何呢？
爸爸媽媽為你做什麼事情，會讓你的心情很好？
你覺得當媽媽為你做某件事情時，有瞭解你的感受嗎？
爸爸為你做什麼事情，會讓你覺得心情被理解了？
如果滿分是10分，你覺得爸媽理解你的心情到幾分？

腦科學家說，孩子大腦的重要感情系統取決於父母的教養方式。父母的教養態度會改變孩子表達情緒的風格，孩子是透過觀察父母如何表達和控制情緒來學習的，如果父母親本身能夠隨時主動詢問自己下列問題，將對孩子有所幫助。

受到刺激後，會用情緒表達出多少感受？
表達情緒的時候會做出什麼舉動？
表達情緒時，會表達得多強烈？
能自己控制情緒嗎？

父母處理情緒的方式會影響孩子，孩子看到父母控制脾氣的過程，便能學到鎮定下來的方法。孩子不會因為聽到父母說「不能生氣」就學會，而是會透過觀察父母生氣時如何控制情緒來學習。

表達情緒的詞彙超過上百個，但是在日常生活中，經常用來表達情緒的詞彙是有限的。很多父母聽到孩子表達負面情緒時會感到不舒服，因此常對孩子說「不能討厭別人」、「不可以傷心」、「不可以生氣」等等。正面的情緒能增加幸福感沒錯，可是如果限制孩子表達悲傷、憤怒、不安、嫉妒、孤獨等負面情緒，他就沒有機會能正確表達情緒。要記住，負面情緒也是極其自然的，父母要先懂得在不失控的情況下，毫不猶豫地表達自己的負面情緒。

父母可以隨時隨地同理孩子，對於孩子來說極其重要。對於孩子的正面情緒給予支持和鼓勵，對於負面的情緒則表達同理，孩子的心靈空間會在這個過程中變得更寬大，從中獲得同理他人的能力。

突然很想哭！——情感豐沛的孩子

有些孩子平時很愛笑，卻會因小事而傷心流淚；在他人念故事、唱歌時，會情緒澎湃，無法克制；一聽到大人訓斥的聲音就哭了起來。每個孩子會哭的原因不一樣，次數和時間也不一樣。有些孩子動不動就哭、有些孩子一哭就哭很久，有些孩子平時個性很好，但只要有點難過或不滿就會立刻流眼淚。

如果孩子因情感豐沛而很愛哭，父母免不了就會擔心孩子似乎太過脆弱了。「孩子在春天看到路邊開的小花後，說：『媽媽，這花美得讓我想哭。』平時就覺得他特別膽小、情緒豐富，很容易就感動落淚。有時看悲傷的電影時會哭，或聽一首歌的時候也會哭，只要開始哭就會哭很久。他這麼軟弱，我很擔心他在這個世界上要怎麼生存。」

對於極為感性的孩子來說，往往不是因為想哭而哭，其實眼淚是自動流出來的。與其說是情緒問題，不如說是天性敏感、容易起伏。敏感的孩子在尚未具備控制情緒能力的幼兒期，特別會表現出不穩定的情緒，之後慢慢長大，就會培養出控制情緒的能力，成長為情感豐沛的人。父母在這過程中需要有耐心，不要著急地培養孩子控制情緒的能力。控制能力要由自己來培養，在成為青少年和成人的過程中就會領悟到。

有些家長會把情感豐沛的表現視為軟弱，也有些家長會嚴厲地叫孩子不要哭。我常看到有些大人會對這樣的孩子說：「又在唉唉叫」、「看那樣子就很煩」、「應該要管一管他」。

從心理學的角度來看，眼淚是防禦機制，是因為想要保護自己卻不知道方法才哭的。在一歲之前，孩子無法自己解決問題，所以「哭」是滿足基本需求的手段，也是唯一的溝通方法。孩子在七、八個月大的時候，認知能力變發達，因此在跟父母分開、感受到分離焦慮時，就會開始哭。

那麼你家孩子又是為了什麼而哭泣呢？不同的孩子有不同的原因，但大部分不出以下這幾種。

- 看到悲傷的畫面或者聽到悲傷故事的時候
- 感受到壓力而想要表達負面情緒的時候
- 發生了自己不樂見的事情的時候
- 想做某件事卻不被允許的時候
- 父母似乎在生自己氣的時候
- 被父母責備而感到委屈的時候
- 自己莫名地難過的時候
- 明知做出了挨罵的行為，但父母並沒有先瞭解自己內心想法的時候
- 事情不如意的時候

孩子想要在夏天戴毛帽，卻被父母阻止；新剪的髮型不是自己想要的；父母挑選的衣服不是自己喜歡的；還想看電視卻要上幼兒園；想先吃菜再吃飯，爸爸卻直接把菜放在飯上；想繼續看書，卻被媽媽叫去睡覺。每個孩子哭的原因都不同。

不知道孩子哭的原因時，父母會猶豫是要先同理孩子，還是要叫他改掉愛哭的習

慣。在孩子哭鬧的時候，父母不可能會有好的情緒，通常這種時候，父母會對孩子感到煩躁而生氣或責備，於是孩子再次難過地哭泣，才結束這個情況。然後過一段時間後，父母會後悔、自責，明明那沒什麼大不了，卻發了這麼大的脾氣，孩子也會對於不聽父母的話而感到抱歉。

「對不起，我是因為想繼續和媽媽在一起，和媽媽在一起很好玩，所以才不想去幼兒園。」本來以為孩子純粹是在鬧脾氣，但聽到他說「想跟媽媽在一起」，一下子就冷靜下來了，對於自己發脾氣感到抱歉。

父母在看到孩子反反覆覆的行為後，往往會產生負面的念頭，「你又來了！」但孩子的行為都有原因。父母在忙於應付孩子耍賴、哭鬧時，常常會忘記要理解孩子、同理孩子。

情感豐沛的孩子的內心世界

「媽媽，下雪了。北極熊應該也會很開心吧？」「爸爸，櫻花真的太美了！」「毛毛蟲變成蝴蝶後就不見了嗎？嗚嗚，毛毛蟲！」……

情感豐沛的孩子擁有的奇特想像力和細膩的感受常讓大人吃驚，完全不需要擔心他們如何在這個世界上生存，他會成為一個善於表達感情、同理能力極強的人。

爸爸，我覺得我關心的東西和我連結在一起，所以我開心的話，大家就一起開心；我難過的時候，大家都一起難過。如果爸爸生氣了，似乎是我又惹爸爸生氣，所以我也會對自己生氣、煩躁。

孩子一直在觀察父母的表情。父母難過得掉眼淚的話，他們會在旁邊抱住父母、遞衛生紙，擁有相當溫暖又豐富的情緒。若將孩子擁有的特質視為優點，孩子就能感受到心理上的安全感，也能發揮創意，表達自己的情緒。

理解孩子心情的方法

孩子同理能力強是好事，但如果他們無法控制悲傷的心情，可能會讓自己痛苦，父母也會因為不知道該怎麼安慰而感到困惑。請觀察孩子的心情變化，並幫助孩子好好處理情緒。

第一，瞭解孩子流淚的原因。

如果是愛哭的孩子，原因大致可以分為父母養育的態度、孩子的特質、為了滿足慾望這三種，我們來看看自己的孩子屬於哪一種。

父母的養育態度	是否過度保護？	如果是備受父母驕寵的孩子，常常都是先哭再說，不分時間地點。他們是在瞭解眼淚的威力後，才學會用哭泣來表達。
	是否太過嚴苛？	如果教養方式相當嚴苛，孩子的心情就會總是緊張和畏縮，別人說一句就傷心難過。他們沒有機會用言語表達自己的心情，所以只能用眼淚來表達。
孩子的特質	他是敏感的孩子嗎？	如果孩子高敏感而很愛哭，請接受孩子原本的特質，並且找出能控制情緒的方法。 如果孩子是因為不知道怎麼表達情緒，就應該教導他們適當地表達負面情感的方法，而不是用哭的。

滿足需求

是為了吸引注意力而哭嗎？

有些孩子純粹是為了引起父母的注意力而哭。他是為了滿足自己的需求，或者為了得到他人的關注而哭。

第二，讓孩子有時間控制和表達情緒。

有能力控制情緒的孩子能接受負面情緒，然後繼續對話。生氣的時候忍住不哭，並非所謂的很會控制情緒，可以認知自己目前的情緒並表達、離開不適的情緒，讓自己回到原來的狀態，這種能力才是控制情緒的能力。目標並不是讓孩子不要哭，關鍵是要讓孩子掌握用語言表達情緒的方法。

在這種時候非常重要的是父母要付出耐心，給孩子足夠的時間練習自己控制情緒。不要因為孩子在哭就立刻答應他的要求或是責備他，而是要在旁邊或稍微遠一點的地方靜靜地等孩子自己止住眼淚。

即使孩子沒有馬上回答，也要給予充分的時間等待，給孩子機會解釋「剛剛為什麼哭、想要什麼、心情怎麼樣」。

「不要哭，現在立刻停止！」	「我會給你時間思考，媽媽在旁邊等你。」
－如果不理解孩子的慾望，強迫孩子停止，孩子就會覺得自己的想法和心情不被認可，因而累積不滿的情緒。 －孩子無法學會如何表達情緒和想法，長大後反而會隱藏自己的想法。 －父母直接消除壓力來源或幫忙轉換心情是沒有幫助的。	－孩子以前只會用哭來表達情緒，但現在可以解決情緒。 －不要將孩子的哭泣視為需要糾正的行為，更應該要注重控制情緒的過程。 －要等待孩子充分釋放累積的情緒。

「原來你很難受啊！如果你邊哭邊說，媽媽就聽不清楚你要說的話，沒辦法充分瞭解你的心情。你能稍微沉澱後再告訴媽媽嗎？」

如果孩子可以在穩定狀態下表達自己的情緒，且持續累積這樣的經驗，孩子就會發現，用說的比用哭的更能有效表達自己的感受。

「忍耐」和「等待」是一個艱難的過程，特別是如果孩子在外面哭泣，父母會意識到他人的目光而更加嚴厲地責罵孩子，但這樣一來，孩子也會覺得丟臉，因此產生陰影。如果在哭泣時經常得到負面的反饋，孩子可能會認為表達情緒本身是很丟臉、很不好的事情，那麼孩子可能就不會自然地表達自己的感情，而是會一直壓抑，到後來就在不適當的情況下爆發出來。

第三，讀懂孩子的心意並且予以同理。

孩子在四、五歲時會開始感受到各種挫折、悲傷和憤怒的情緒。等孩子不哭、平靜下來後，就要幫助孩子用語言表達自己的感受。如果孩子還不善表達，父母可以試著替他說出原因，這種時候要使用孩子表達情緒的詞彙。

「原來是因為要和朋友分開而捨不得啊！」
「原來是因為弟弟拿走了玩具，所以你很生氣啊！」
「原來是哥哥路過的時候把你的零食拿走了，所以你很生氣啊！」
「原來是爸爸踩到你認真畫出來的畫，所以你很傷心啊！對不起。」

當孩子們覺得自己的心情不被理解時，就會用哭泣來表達，因此父母想要同理和理解孩子心情的態度非常重要。要記住，雖然對父母來說可能沒什麼大不了，但對孩子來說，可能是很大的事情，也可能會成為傷害。

「下次難過或生氣時，要坦白地告訴媽媽。」

「爸爸隨時都準備好要聽你說話。」

我心情很好！我心情很差！
——情緒起伏大的孩子

「孩子的情緒起伏很大，我完全摸不著頭緒。有時候他玩得正開心，但只要有一些事情沒有順他的意思，他就會開始變得很煩躁。我試圖迎合孩子的心情，卻無法跟上他的情緒變化。明明不久前他還玩堆積木玩得很起勁，沒過多久卻把積木亂扔，還亂發脾氣。」

等孩子三至六歲時，就會開始像成年人一樣感受到情緒，這時期的孩子會開始產生「情緒分化」的現象，經歷很大的心情變化。通常在五至六歲時，孩子會開始發展出共鳴能力，能夠理解周圍環境並覺察他人的情緒，但他們調節情緒的能力有限，需要花費更多的時間才能控制情緒。一般來說，通常要等到青春期過後，大腦前額葉才能有效調節情緒，在那之前，孩子的情緒調節不夠成熟是很正常的現象。

特別是那些本性上情緒起伏較大的孩子，他們的感受很敏銳，也善於坦承自己的情緒。當情緒難以控制時，他們可能會大聲尖叫，或展現出煩躁的反應。比起保持中庸的情緒，他們更傾向於展現極端的情感，要麼非常喜歡、要麼非常討厭。當孩子心情愉悅時，他們會像世界上最幸福的孩子一樣唱歌，也會做出令父母感動的事情；當他們情緒不好時，又會做出強烈的反應，他們可能會跳進房間裡大笑，過了三十秒後，又會生氣、發怒。以上情緒暴走的情況十分頻繁。

在這種情況下，許多父母會忍不住跟著孩子做出激烈的反應。當然，要忍受孩子的脾氣並不容易，但首先理解孩子的心情是很重要的。

「看起來有事情不如你的預期吧？是什麼讓你不開心？」

「原來你覺得這款樂高積木很難組合呀！」

「啊！色鉛筆剛剛斷掉了啊！」

「原來是因為你想把字寫得漂亮一點，但字寫得怪怪的啊！」

「事情沒有按照你的意願進行，你一定很難過吧！」

情緒起伏大的孩子的內心世界

孩子的情緒突然從「喜歡」變成「討厭」，那感受就像瞬間從十樓降到了比一樓更低的地下五樓。孩子的情緒不是慢慢地下降，而是一瞬間大幅地往下掉，這會有多辛苦呢？孩子可能會表現出不耐煩，向父母發洩。這麼一來，父母往往也難以忍受。

「你為什麼要這樣對待媽媽？媽媽有做錯什麼嗎？為什麼要對媽媽發牢騷、發脾氣還大吼大叫！」父母一發脾氣，孩子又會大聲哭泣或者頑固地表現出不耐煩，但實際上這個行為舉止中蘊含著孩子的內心聲音。

我也不知道我為什麼會這樣。
請幫助我！我不知道應該如何面對自己的心情。
我並不是故意讓媽媽生氣，但是媽媽卻生氣了，我非常難過。

如果孩子明明玩得很開心，卻突然變得不耐煩，與其跟孩子一起發脾氣，不如仔細檢查一下孩子剛剛在玩的玩具、周圍的情況以及孩子的狀況。

幫助孩子控管情緒的方法

如果孩子情緒波動較大，父母養育起來也會很辛苦。然而，不需要將孩子的情緒起伏盡往壞處思考，也可以往好處看。此外，只要與孩子一起進行幾項活動，就可以幫助孩子控制情緒。

第一，擴大孩子的優勢和強項。

情緒起伏較大的孩子們，有時候會表現出讓父母訝異的奇特行為。孩子可能會用言語和圖畫表現自己的情感面，以豐沛的藝術性和想像力，展現出極富創意的一面。當孩子表現出這種樣貌時，父母可以針對孩子的優點給予正面回饋。

在規範的框架內養育孩子，難免會產生摩擦，因此為了讓孩子更自由地發揮優勢，應該幫助孩子找出有興趣的領域。

第二，和孩子一起研究各種情緒。

可以使用情緒卡、情緒貼紙來談論現在的心情、今天的情緒，或者善用繪本觀察各式各樣的情緒。脫離單純的表達方式，用多樣化且細分化的形容詞來具體表達，讓情緒變得更加鮮明，孩子也可以更好地調節情緒。這麼一來，孩子不僅會關注自己的情緒，也會開始關懷他人的情緒。

陪著孩子一起進行以下的活動將會有所助益：

說看看自己的心情	看著那些呈現喜悅、悲傷、生氣、驚訝等情緒的圖畫，講述一下自己感受過這種情緒的經歷。透過這個活動，可以學會用詞彙來形容情緒。
製作自己的情緒字典	用畫圖的方式來描繪自己感受到各種情緒的情況，再將這些圖畫整理在一起，製作成字典的形式。即使是同樣的情緒，不同年齡層的感受和經歷也全然不同，因此建議可以定期玩這個活動，將會有很大的幫助。

第三，觀察情緒的流向，引導孩子想出對策。

如果孩子的情緒起伏過於嚴重，就需要仔細觀察孩子一整天的情緒流向。孩子通常心情好的時候都在做什麼活動？在什麼情況下會發脾氣？他們在哪些時刻特別專注？最喜歡參與的活動是哪些？

對於那些性格敏感的孩子，每天相同的行程、反覆玩相同的遊戲或重複的學習活動，可能會讓他們感到無聊。即使是同樣的活動，也需要稍微變化一下形式，孩子才不會失去興致。

如果孩子發脾氣時會打人或亂丟東西，建議在約束其行為後，告訴他替代方案。

「原來你很難過啊！是啊，這也是情有可原的，不過不可以因為不開心就對爸爸扔東西或發脾氣。『爸爸，我需要你。我現在好像快發脾氣了！』你之後願不願意直接跟爸爸這樣說呢？」

第四，觀察是否有事情讓孩子產生壓力。

有些孩子對壓力的反應特別敏感。當孩子的腦部感受到壓力時，大腦的下層區域警報系統會出現過度的反應。透過父母的教養方式，可以壓制並調節這種反應，建立與大腦上層體系的連結。

孩子突然情緒起伏很大時，可以將這狀況視為他們在日常生活中遇到困難、受到挫折的求救訊號。剛出生的弟弟妹妹、父母有所爭執、學習分量變多、搬家等環境改變、受到父母嚴格的管教、與朋友之間的關係遇到難題等等，需要確認一下是哪些因素所致。

首先可以詢問孩子：「最近有遇到什麼困難嗎？」如果孩子不知道自己為何會產生這樣的情緒，或者不知道該如何向父母表達，展現出猶豫且不打算說出口的模樣時，也可以告訴孩子：「你若需要媽媽的協助，隨時都可以說喔！」不逼孩子回答，且尋找日常生活中可能造成孩子壓力的因素為何。安排孩子與老師諮商也是一個好方法。孩子在成長過程中難免會受到壓力，但父母也不該置之不理，請幫助他們創造出能夠自主克服的環境。

第五，提前指導每日該做的事情。

對待那些看似個性刁鑽的孩子，提前制定規範或建立常規模式來指導他們，反而能帶給他們安全感。有些孩子可能會拒絕上幼兒園，因為對於敏感的孩子而言，幼兒園是陌生的地方，去那裡可能會讓他們感到害怕。如果孩子已經到了能夠對話的年紀，告訴他們一週需要去幾次幼兒園將會有所幫助，也可以跟孩子一起數總共去了幾次幼兒園、還需要去幾次等等，這樣孩子也會感受到安全感。

第六，有時用幽默的方式軟化孩子的情緒。

有一次，我和孩子們一起看了《食破天驚Cloudy with a Chance of Meatballs》這部電影。在電影中，每當主角感到慌張或尷尬時就會舉起雙手，或者將手放在腰部大笑。這個場景很有趣，我還和孩子們一起笑著模仿這個「腰部大笑」的動作。

某天早上，我家老二正在開心地玩耍，但突然聽到我說「現在該去幼兒園了」，於是他的心情大變、煩躁地回答：「我不想去幼兒園！」還踢了我一腳。他可能對於自己的舉動感到很慌張，於是就模仿電影中的「腰部大笑」動作，試圖以這種古怪的方式來解決問題。

當然，打人是錯誤的行為，必須要給予教訓，但是我稍微等待了一下，孩子就主動來到我面前道歉說：

「媽媽，對不起。我打了你，很抱歉。」

孩子道歉後，我便回應「謝謝你主動過來道歉」，也做了一個「腰部大笑」的動作，然後就讓這件事過去了。

面對孩子的失誤或錯誤的舉動，不需要總是立刻教訓孩子，偶爾也可以稍微退後一步，給予孩子主動道歉的機會，用幽默方式化解孩子的情緒問題。

我對媽媽鬧彆扭了！
——渴望心情被理解的孩子

「我只對孩子說了一句：『姐姐在讀書，你要安靜一點！』孩子就一整天擺出死魚眼，使盡全身的力量來鬧彆扭，讓我內心怒火中燒。我經常聽到別人說我家孩子比起其他孩子更容易發脾氣，到底為什麼會這樣呢？」

即使試圖安撫孩子，孩子卻依然板著臉不開口，一整天氣呼呼。當孩子一整天故意鬧彆扭，叫他講出來也完全不回應時，父母常常會感到不知所措也不明所以，就算父母好聲好氣地耐心等待孩子冷靜下來，但很多時候都無濟於事。等父母終於聽到孩子鬧彆扭的原因時，卻發現那原因在父母眼中真的微不足道，而感到更加困惑。父母常常會擔心，這麼愛鬧彆扭的孩子，如果也這樣對待老師和朋友該怎麼辦？

三到五歲時期的孩子，通常會展現出自我中心，不太會考慮他人的感受。此外，他們還不太懂得用言語來表達內心的不適，因此以拒絕說話或鬧彆扭的方式來表現都是很自然的現象。然而，如果孩子進入小學後，依然經常鬧彆扭，就需要仔細觀察孩子是否過於自我中心。此外，假設孩子試圖透過具有攻擊性的言行舉止來引起旁人的注意，或者藉此讓狀況變成符合自己心意來發展，那麼父母就有必要引導他們使用更適合的方式。

表示生氣的孩子的內心世界

當孩子覺得自己的心情不被理解時，他們就會感到難過。父母也許只覺得孩子悶悶不樂，但當孩子說「我生氣了」，這句話背後通常有更深層的感受。

我現在很生氣。爸爸媽媽不懂我的心情，我很不開心。請安慰我。

孩子也有可能不曉得什麼是「生氣的情緒」。只要有事情讓自己不滿意、心情不舒服，孩子就會使用「我生氣了」這句話來形容，但這句話其實還包含了「羞愧」、「沮喪」以及「委屈」等情緒。

當孩子表示自己生氣時，父母不應該用這樣的方式回應：「你不可以這樣，爸爸也會生氣喔！為什麼要一直這樣講？」、「明明沒發生什麼大不了的事情，為什麼每次都要這麼生氣？」反之，應該試著觀察孩子在何種情況下會生氣，也要幫助孩子認知自己感受到的情緒究竟是什麼。這麼一來，當孩子往後再次經歷類似的情緒時，他們才能夠更好地瞭解自己的內心。

如何瞭解鬧彆扭的孩子

當孩子開始鬧彆扭時，父母應該怎麼做才能與孩子建立更良好的關係呢？造成孩子情緒不佳的原因有很多，父母又該如何回應呢？在此分成三個方向來討論。

第一，確認孩子是否受到了心理上的傷害。

如果孩子的情緒一直無法平復、持續發脾氣的話，應該要先安撫他們受傷的心情，再詢問他們心情差的原因。此時，即使孩子的回答聽起來有點奇怪，也不要打斷他們說話或者不當一回事。父母或許認為孩子生氣的原因沒什麼大不了，但對孩子來說卻是重大事件。

舉例來說，自從弟弟妹妹出生後，孩子想獲得關注的需求沒有被填滿，他們就可能會說出「我生氣了」。假設孩子說：「弟弟把我堆的積木弄垮了。」父母的回應卻是：「每個人的弟弟妹妹都會這樣，你是姐姐，應該要多理解弟弟。」那麼孩子會感到很難過，也會累積憤怒的情緒。父母反應冷淡時，孩子也會感到挫折，心想：「爸爸媽媽不瞭解我要什麼，也不懂我的心情。」如此讓負面情緒在心中生根。

心中未能消化反而隱藏的負面情緒，總是如影隨形地冒出來，因此就算只有受到微小的刺激，孩子也會敏感地過度反應。當父母看到孩子的反應時，心中可能會想：「這有什麼好發脾氣的？明明不是什麼值得一提的大事，為什麼總是要這麼生氣？」父母只看表面的狀況時，可能不太瞭解孩子的內心而斷定孩子很敏感、常常毫無理由地發脾氣。

然而，如果孩子好發脾氣的行為持續很久，這很有可能定型為孩子的個性，並且如同父母所擔憂的，孩子與同儕之間的關係可能會不太順利。

即使父母無法理解原因，也應該全然接納孩子心中所感受的難過情緒。父母可以對孩子說：「我們對於之前沒有理解你的感受，感到很抱歉。」用誠懇的表達來深入理解孩子的情緒，並且透過擁抱和輕拍來安慰他們。假如已經很努力去理解孩子，但孩子仍不願意敞開心扉，那麼就應該接受現況，明白孩子累積在心中的情緒需要一些時間來釋放。父母的態度非常關鍵，父母願意等待孩子，直到孩子的情緒變得穩定，這樣的態度能夠幫助修復孩子的內心。此外，孩子恢復情緒所需的時間越長，就代表他們經歷了相當大的辛苦，這點我們也應予以理解。

	傷害孩子心情的說話方式	讓孩子備感溫馨的說話方式
提到弟弟妹妹犯錯時	「每個人的弟弟妹妹都會這樣啦！你是姊姊，就多多包容弟弟吧！」	「弟弟把積木弄垮了，你感到很生氣、很傷心啊！」
向父母提出愛的需求時	「你都已經長大了，幹嘛還一直要求抱抱！」	「過來這邊吧，媽媽要抱你一百萬次！」

第二，檢視孩子的舉動是否是為了提出自身的需求。

如果孩子是為了提出自身需求才有這些情緒性的舉動，就給孩子一些時間，讓他能夠自行緩解情緒。

某天晚上，我家孩子快樂地沉浸在遊戲中，到了該洗澡和上床睡覺的時間時，我提醒孩子要去洗澡準備睡覺，孩子便回說：「如果媽媽老是要我洗澡，我以後就不和媽媽玩了！」然後就大力地關上房門。

雖然這狀況很令人慌張，但與其跟孩子說「你現在在做什麼！」然後開門進去責備孩子，不如不要針對孩子的行為做出任何反應，淡淡地跟孩子說：「你再玩五分鐘就出來。等你準備好要洗澡、心情好轉的時候，就出來吧！媽媽會等你的。」

等孩子從房間出來時，我首先講出了孩子的心情：「比起洗澡睡覺，你更想繼續玩對吧！」然後向孩子再次解釋為什麼需要洗澡和上床睡覺。

「我不是要阻止你玩耍，而是因為現在到了該睡覺的時間，而且應該要先洗澡才能睡覺，所以媽媽才這樣跟你說。」

透過這個過程，孩子會接受「到了睡覺時間就不能繼續玩」的事實，父母必須向孩子充分說明清楚，日常生活中才不會一再發生類似的狀況。

父母也是人，當孩子生氣地關上門時，父母會產生想要責備孩子的念頭也是情有可原，但是父母的目的是要讓孩子洗澡和入睡，比起責罵，不如指導孩子下一次該如何表達自己的需求。

「如果你下一次想多玩一會兒，請跟媽媽說：『媽媽，我想多玩一下』。」

這樣的說明讓孩子明白，他們可以在不發脾氣的情況下說出自己的需求，同時也讓孩子知道，當他們發脾氣、甩上門時，父母的心情會有多麼不舒服。

第三，為了獲得關注，孩子可能會習慣性地發脾氣。

如果孩子習慣用發脾氣的方式來獲得關注，那麼最好的做法就是不要立刻做出反應，建議態度淡然地應對，同時鼓勵孩子用正確的方式表達自己的情緒。首先，等待孩子焦躁不安的情緒沉澱下來，並給予孩子控制自己情緒的機會。父母不應該試圖支配或控制孩子的情緒，在當孩子稍微冷靜下來時，就可以嘗試與孩子對話。

「為什麼你會這麼生氣呢？可以告訴爸爸原因嗎？我們要不要一邊吃零食，一邊聊聊天？」

可以讓孩子吃自己喜歡的零食或陪孩子散步，幫助他從不愉快的情緒中脫離出來。如果孩子一整天會習慣性地發脾氣數十次，可以詢問孩子，當情緒不佳時該如何表達？讓孩子自主思考其他的表達方式並且練習看看。

這個歪掉了啦！
——擁有自己規則的孩子

「我家孩子最近很喜歡寫字。有次他在磁吸黑板上玩貼字母玩得很開心，然後都還沒清理，就開始在旁邊畫畫，我以為孩子沒有要玩了，就把他貼的字母磁鐵撕下來，結果孩子竟然大哭大鬧，一直說：『爸爸亂碰我的磁鐵！』」在父母眼中，那些字母磁鐵只是隨意亂貼的，但對孩子而言，他有自己的排列規則。

當孩子覺得字母排列得不順心，一直反覆撕貼時，又會生氣地說：「這個歪掉了啦！」在父母看來，字母排列沒什麼大問題，但孩子的反應卻像發生大事一樣，讓人難以理解。父母不禁想說：「我家孩子個性好像很固執，而且過於敏感。」

「守規則」跟「有創意」聽起來像是兩個完全不相干的詞彙。一般也認為，堅守規則的孩子看似缺乏創意和想像力。然而，哥倫比亞大學心理學教授帕特里夏・斯托克斯Patricia Stokes指出：「著名的畫家莫內、蒙德里安等人為了激發靈感，都對自己設立了嚴格的限制。」

莫內將自己的繪畫主題限定為睡蓮、白楊樹等，一輩子都反覆繪畫這些主題，因此得以專注地捕捉光線的變化，創造出印象主義的風格，超越了傳統繪畫技巧。蒙德里安則認為水平和垂直代表了世界的全貌，只追求繪出明確的直線，他用自己的嚴格規則來控制可能性，在有限的框架內發揮了最大的創意。

這兩位藝術家用自身的例子說明一個事實：創意並不是在毫無規範和限制、擁有無限自由的情況下出現的，必須要有基本框架，創意才能夠爆發。

麻省理工史隆管理學院MIT Sloan School of Management的唐納德．蘇爾Donald Sull教授在其著作《簡單準則Simple Rules》中提到：「複雜的規則會使人們變成行走的機器人，而簡單的規則賦予人們最大的自由和靈活度，使人們將自己的構想發揮到最大值。」「創意」容易被誤解成「從無當中創造出某物」，但大多數的發明都是改良既有的物品、經歷多次失敗製造而成的。

堅守自己框架的孩子可能會讓父母感到鬱悶，但孩子此時也許正在發揮創意，試圖畫出獨特的線條、獨特的點點。理解孩子的心情是父母的首要任務。

重視規則的孩子的內心世界

如果孩子有自己的一套框架和規則，當事情沒有按照他們的想法進行時，他們就會感到難過。孩子希望周圍的人也可以穩定地進入他們設定的框架和規則中，一旦偏離了這些規範，孩子心裡會不舒服、感到煩躁，更何況孩子認為自己現在所做的事具有龐大的意義。

我想要把事情做好，希望一切都按照我想要的來進行。
為什麼把事情做好這麼困難呢？
如果事情不如我所願，我會感到非常煩躁和難過。
我不喜歡事情變得雜亂無章。
將事情做得精確，對我來說非常重要。

執著於規則的孩子常常在規則中充滿焦慮。即使父母不斷地鼓勵說：「犯錯沒關係，你現在已經做得很好囉！」孩子如果覺得未達到自己的標準，就還是難以聽進父母的鼓勵。

舉例來說，將貼紙貼在圖畫上時想要準確地沿著線貼上，或者畫畫時如果畫歪就會擦掉，反覆地畫到滿意為止，同時還會哭鬧、發脾氣，讓在旁邊看著的父母也很難受。有時候是孩子要求父母幫忙綁頭髮，但綁了之後卻因為兩邊綁的位置不一樣，所以反覆綁了好幾次，結果忍不住氣到哭了。

因為標準很高，所以事情不如意時會感受到挫折，有時還會生氣地說「我不要做了！」或是索性放棄。

培養孩子創意的方法

敏感而挑剔的孩子會讓父母戰戰兢兢，很多時候很難看見孩子在「一點都不想脫離框架」的心中，隱藏著想要做好的念頭。

奇克森特米哈伊・米哈伊Mihaly Csikszentmihalyi、霍華德・加德納Howard Gardner和迪恩・西蒙頓Dean Keith Simonton等，這些強調「心流」重要性的心理學家主張，有創意的孩子無法順應現有秩序，會表現出具有反抗傾向的行動，但這種特性在未來發揮創意時具有決定性作用。孩子們在特定時間和狀況下被視為問題的行動，若是在不同的時間和地點，往往會得到不同的評價。

那麼，作為父母，該如何對孩子有不同的見解呢？建議大家將孩子的行為視為伴隨著痛苦出現的創意活動。若以這樣的心態等待，孩子的情緒就會恢復穩定，在自己規定的框架內一點一點允許自己，成為有創意的人。

對於堅守自己的框架和規則，並說「這歪掉了啦！」的孩子們，可以按照以下步驟提供幫助。

① 理解孩子不舒服的心情	「爸爸不是故意的，我以為你玩完了，本來想幫你收拾。爸爸沒有問你就碰了你的東西，你應該很不開心吧！」
② 告訴他，別人可能不知道他制定的框架和規則	「偶爾會發生這樣的事情，但不是為了惹你生氣才那麼做的。絕對不是你做錯了，別擔心，沒關係。」
③ 讓他體驗到即使脫離框架也很安全	「字母磁鐵的位置稍微改變一下，還是能好好地使用，對吧？即使位置不準確，也不會改變『這是屬於你的』這件事。」
④ 當他感到挫折和傷心時表達同理	「本來你想自己做卻沒做好，真的會很傷心。」

⑤創造機會，鼓勵他再次嘗試

「你應該很累吧？拿過來看看，要不要和爸爸再試一試！」
「再試一下之後，又變成新的了，和剛才不一樣耶！」

規律的工作有助於創意。美術教育學者貝蒂．艾德華Betty Edwards表示：「只有讓左腦和右腦的思維形態交替循環時，才能產生創意。」投入和放鬆、埋頭思考和打消念頭、活動和休息，在這些動作之間有節奏地切換就會產生創意。

也就是說，創意是在不斷反覆的日常生活與新經驗交替的過程中發生的，但是很多父母認為必須透過多種體驗和經驗才能培養創意，若看到孩子獨自玩耍或靜靜躺著，父母就會鬱悶或覺得應該要帶他們出去。其實走路時想東想西的孩子們，大多時候的想法都很有創意，而且有規律且已經習慣的日常生活也很重要，不亞於對於新領域的體驗和多樣化的經驗。

大致有以下兩種方式可以提升孩子的創意。

第一，在反覆的日常生活中培養創意。

對事物的熱愛和專注是培養創意的基礎，建議可以觀察孩子在日常生活中對什麼感興趣，再詢問他們的想法。事實上，孩子之所以能說出「（磁鐵、積木、線條等）歪掉了啦！」這句話，是因為他們非常專注地觀察的緣故，父母可以多多稱讚和鼓勵孩子，並看懂他們的行為舉止，這將會是很好的開始。

「你怎麼知道它歪掉了呢？哇！原來你擁有這種能力啊！你很專心觀察啊！」

希望父母能夠謹記一個事實：孩子無論是自由地突破傳統框架還是遵循規則，他們都正處於培養創意的過程中。在沒有過度的控制和約束時，孩子的創意才會展現出來，孩子的創意不會在父母主導時出現。透過視覺、聽覺、觸覺和行動等感官刺激，新的想法會誕生在孩子的內心中。在日常生活中的休息時間、發呆時間、散步時間和放鬆壓力的時間，對於養成創意扮演著重要的角色。

第二，從新的體驗中培養創造力。

在體驗新的事物時，出錯的可能性也會變高，犯錯時則會刺激突觸。大腦將熟悉的情境稱為「基模schema」，當大腦意識到陌生情境，無法使用現有的認知模式來解決問題時，它便會啟動創意。換句話說，如果沒有新的體驗，就不會形成突觸，而且大部分的記憶會在一天內被清除，進而感覺時間流逝得很快。藉由視覺、聽覺、嗅覺、觸覺和味覺的體驗，腦細胞會產生更多的突觸連結，這就是為什麼當你前往一個陌生地旅行時，一天似乎變得漫長又緩慢。

當孩子們獲得新體驗時，建立一個允許他們自由活動的環境，讓他們能夠毫無保留地表達自己的情感和思想，這一點至關重要，這也是為什麼我們應該與孩子一同參加各種體驗活動或旅行的原因。

此外，當孩子與朋友一起玩耍時，也會產生創造力。與朋友們一起製作新的東西來玩、和形形色色的人互動，這些都可以激發孩子的創意。

我不要這個！我不要那個！
——什麼都討厭的孩子

有些時候，無論父母說什麼，孩子都會回答「不要！」。當父母問孩子「你醒了嗎？」、「你餓了嗎？」，答案都是「沒有！」。他不要喝牛奶、不要喝果汁，甚至連自己選擇的東西都討厭。

「孩子是不是在測試我的耐心呢？」

「我還可以堅持多久不發脾氣呢？」

就算你問了一百次，孩子可能都會給予否定的回答，所以父母常常認為自己孩子的喜好難以迎合、孩子很難伺候、固執己見。面臨這種狀況，每個父母都會感到鬱悶，覺得照顧孩子很困難。

固然可以正面地將這個狀況解讀成「孩子自我表達的能力有所成長」，但才過一下下，父母又會因孩子反覆的言語而感到疲憊不堪。不斷地聽到孩子說「不要！」，卻完全不曉得孩子為什麼要這樣講，也不想回答孩子。然後，在某個瞬間，父母便可能說出：「你敢再說一次『不要』看看！我要罵你了喔！」

全部都說「不要」的孩子的內心世界

為什麼孩子會重複地說出否定的言語呢？父母又何苦得不停地聽到這無止境的「我不要！」之歌呢？一般來說，當孩子開始說出否定言語時，就代表孩子開始產生自我意識了。孩子通常在出生滿十六到三十個月的階段，發展出「自我」，這是極其正常的成長過程。

在這個時期，「自我」發展的速度會超越認知和語言發展的速度，因此孩子只能用哭泣、耍賴或躺在地上來表達自己。他們的目的不是要讓父母生氣、不是刻意考驗父母的耐心、反抗父母，或者故意讓父母嚐到養育子女的苦頭，單純只是因為他們無法完整地用言語表達出自己的需求，只好一律回答「我不要！」。

孩子說出的那句「我不要！」，實際上正在表達自身的意願。

媽媽、爸爸，我現在已經很清楚地知道自己喜歡和不喜歡什麼了。我會更堅決地表達我的意見。現在我也有自己的主見了，我正在成長。

理解孩子心情的方法

孩子的言行舉止都有其原因，但是即使詢問孩子「你不喜歡什麼東西？說說看吧！」想藉此掌握孩子的想法，孩子通常也會用「不要！」來回答。若遇到這種情況，建議可以搭配下列的步驟來對話。

觀察周圍情況	觀察周圍是否有任何可能讓孩子感到不開心或不舒服的人事物。
給孩子調整情緒的時間	當孩子情緒激動時，先給他們一些時間調整情緒，之後再進行對話。「媽媽會一直在這裡等你。如果你有話想說，隨時可以來找媽媽喔！當你感覺心情好一點的時候，可以告訴媽媽。」

讀出孩子的內心感受並提問	「你為什麼會這樣？是誰讓你這麼生氣的？」 「你是因為想多睡一會，但眼睛卻睜開了，才一直這樣說嗎？」 「因為你想吃糖果，但爸爸不讓你吃，所以才這樣說的嗎？」
同理孩子的情緒	當父母同理孩子的內心感受並說明給孩子聽時，即使孩子沒有完全聽懂父母在講什麼，也依然可以感受到父母的和藹態度，自己不愉快、發怒的情緒也會緩解許多。
教導孩子使用其他適合的情緒詞彙，以取代否定的說法	可以教導孩子使用「我好煩躁」、「我好傷心」、「我好害怕」等詞彙來具體形容情緒。

孩子起初只會使用單純的形容詞來表達的機率很高，例如「我好辛苦」、「我好煩躁」、「我好害怕」、「我好傷心」，但隨著時間的流逝，可以幫助他們嘗試用更多的方式來表達情緒。

常見的表達方式	多樣化的表達方式
我好辛苦	緊張。迷惘。想逃避。很神經質。感到心煩意亂。煩躁。好有負擔。
我好生氣、我好煩躁	覺得討厭。脾氣上來了。好憤怒。好難過。
我好害怕	焦慮不安。忐忑不安。緊張。焦躁。提心吊膽。
我好傷心	心裡很難過。心裡空蕩蕩。心好痛。胸口好像被刺穿了。好惆悵。

朋友說他不要和我玩

——被拒絕而心碎的孩子

三、四個孩子聚在遊樂場一起玩耍，媽媽們在旁觀察。其中一個孩子突然情緒不佳地對另一個孩子說：「我不想和你一起玩！」那名孩子聽了後很錯愕，跑去媽媽那裡痛哭流涕。一位媽媽感到困惑，另一位媽媽臉上則露出難過的表情。

當孩子聽到「我不想和你一起玩！」這句話時，父母總是會苦惱該如何應對。反之，如果是自己家的孩子對別人說：「我不想和你一起玩！」，想必父母也會感到慌張又為難。不管是聽到別人說「我不想和你一起玩！」，還是對別人說「我不想和你一起玩！」，在幼兒時期，每個孩子都可能會遇到這樣的情況。

三至五歲的孩子，即便和朋友一起玩耍，也會把自己的遊戲看得最重要，因此就算是很熟的朋友也很難一直和諧地玩耍。孩子可能會因為不想中斷自己正在玩的遊戲而說：「我不想和你一起玩！」不過，如果那個新遊戲是孩子想玩的，孩子就有可能會答應一起玩，但孩子們也很有可能處在同一個空間中，卻彼此分開玩。

當孩子聽到朋友說：「我不想和你一起玩！」而開始哭泣時，該怎麼安慰他們呢？身為父母，可能會想立刻跟孩子說：「你也不要和他玩！」但如果幼兒園老師打電話來，或者從其他父母身上聽聞，自己家的孩子經常對別人說：「我不想和你一起玩！」這狀況可能會讓父母深感困擾。

拒絕他人的孩子的內心世界

為了安慰被拒絕的孩子，以及理解拒絕他人的孩子的心理，我們需要探索那些說出「我不想要和你一起玩！」這句話的孩子內心世界。

我現在正在玩其他遊戲，請不要打擾我。

我想和其他朋友一起玩。

特別是在朋友關係中，當三個人聚在一起時，常常會有兩個人自己玩，另外一人被排除在外的情況。遇到這種狀況，孩子可能會因為想要一起玩耍、想跟朋友更熟悉卻無法如願，而難過地哭泣。然而，之所以會產生這樣的狀況，其實只是因為時機點不對、彼此想要的東西也不同。

安慰被拒絕的孩子的方法

「我不想和你玩！」、「我也不想和你玩！」孩子們對彼此發脾氣，過一段時間又湊在一起玩耍，這並不是幼兒時期才會發生的事，只是用字遣詞不一樣罷了。等孩子進了小學和中學，他們依然會和同儕變得親近，然後彼此誤解和爭吵，最後相互理解後和好。難道成年人就有所不同嗎？夫妻之間只是不會使用「我不想和你玩」這種說法罷了，夫妻也會經歷彼此誤解、爭吵的過程，然後學習互相理解和尊重的方法。

孩子和朋友偶爾起爭執是很正常的事情。當孩子因為人際關係而難過、受傷或感到困擾時，可以試著使用以下方法來幫助孩子。

第一，不要先提供解決方案，而是先給予安慰。

當孩子感到難過時，應該要安撫孩子、給予擁抱，所以首先要安慰孩子的情緒，說出「你一定很難過吧！」、「你一定很辛苦！」如此表達同理。

有時候孩子可能會因為難過而哭得很兇，或者長時間維持悲傷的情緒。當孩子感受到負面情緒時，他們會希望父母能夠陪伴在自己身邊，並跟父母分享自己遭受拒絕所產生的悲傷、失落、難過和挫折感，期望能被安慰。

孩子也很清楚，再去找其他朋友玩耍就行了，但如果是由父母提出這種解決方案，孩子會認為父母沒有真正理解自己的感受，因此情緒會變得焦躁或鬧彆扭，這也是因為他們在使用言語來表達負面情緒方面依然很生疏。

「那時候你心情如何呢？」

「我超級難過的。」

「媽媽如果處在那種情況下，應該也會難過到想哭。」

當父母用真誠的眼神給予關懷時，孩子就能夠找出宣洩悲傷和擺脫負面情緒的方法。透過父母溫暖的同理心和接納，孩子也會充滿正能量，並產生力量來轉換情緒。

第二，讓孩子嘗試「表達情緒」的活動。

父母可以詢問孩子抒發情緒的方法，或者主動提議幾個孩子喜歡的活動選項。例如，用繪畫的方式畫出當下的情緒、寫情緒日記，或者寫一封信給朋友（孩子說出想說的話，由父母代為寫下）。

第三，如果孩子一直被拒絕，可以引導孩子順著朋友的話繼續說。

當朋友說「我不要跟你玩！」的時候，假如父母想站在孩子這邊而說出「竟然有這種朋友？這朋友需要被懲罰！」這類負面言論，只會引起孩子回應：「爸爸！你怎麼可以這樣說我朋友！」建議可以嘗試引導孩子順著朋友的話來回應。

「那麼我們等一下再一起玩！你想玩的時候隨時告訴我喔！」

第四，為孩子加油打氣，告訴他「你一定可以交到心意相合的朋友」。

父母總是告訴孩子要與朋友和睦相處，但當孩子因朋友而受傷時，也無需強迫他們繼續相處。父母有必要告訴孩子，並不是所有人都會喜歡自己。

「世界上有各式各樣的人，不可能每個人都喜歡你。你無法掌握朋友的心思，你也不需要符合朋友的標準，每個人心意相合的朋友都不同，可以再去認識其他人。」

第五，教孩子結交朋友的技巧。

用打招呼的方式來親近對方	這是在結交朋友時最好也最簡單的方法。一開始可能會有些尷尬，但可以試著說：「你要不要和我一起玩？我現在要玩沙，你在玩什麼呢？」
展現關心	可以詢問新認識的朋友喜歡什麼東西，例如遊戲、食物、動物等。如果彼此有共同的興趣或喜好，就能更快變熟。
燦爛地微笑	聽朋友講話的時候，與他四目相交並保持微笑。

★理解孩子拒絕他人的心理★

1.首先聽孩子陳述情況和原因

當孩子說錯話或做錯事時，父母通常會直接說：「你不可以這樣說話，不能這樣做。」然而，孩子的言行舉止背後通常都有其原因。在與孩子對話之前，首先瞭解孩子說話或做事的情況和原因是很重要的。

2.讓孩子親身體驗朋友聽到「我不想和你玩」這句話的感受

父母可以扮演孩子的角色，讓孩子扮演朋友的角色，藉由這種方式，讓孩子感受朋友的心情。如果父母只是告訴孩子「朋友會很難過」，孩子可能會誤會父母比起自己，更關心和照顧朋友，因此建議透過角色扮演，讓孩子感受朋友聽到「我不想和你玩」這句話的心情。

3.想出足以替代「我不想和你玩」的言語和行動

建議可以透過詢問的方式，幫助孩子找出自己專屬的「不想一起玩」的表達方法。兄弟姐妹之間也經常出現這類情況，譬如在遊樂場上，他們會爭先恐後地搶著盪鞦韆。

「媽媽，是我先排隊的！」

「不是啦！媽媽！哥哥明明比較晚來。」

「那該怎麼辦呢？鞦韆只有一個耶，你們覺得有沒有什麼好辦法？」

「你搭一次、我搭一次，我們輪流玩。你在盪鞦韆的時候，哥哥我去溜滑梯。」

身為父母，有時候要替孩子做出決策，但在這種情況下，如果父母先退後一步，孩子就會知道自己其實有能力可以找到方法。請給孩子機會，讓他找到專屬自己的好方法。如果孩子還太小，無法自己找到答案，可以讓孩子練習以下說法：

想獨自玩耍的時候	「我現在想再玩一下這個遊戲。等我玩完這個遊戲，我再去找你，我們再一起玩吧！」
跟朋友玩得不太開心的時候	「我覺得很不舒服，不要這樣玩。」

4.模擬各種情境來練習對話

朋友取笑自己、其他朋友破壞玩具、想和朋友們一起玩、和朋友一起堆的積木倒塌、想要玩的玩具被奪走、洗手間的門被悄悄地打開……建議父母可以與孩子模擬各種可能遇到的情況，並運用以下問題來與孩子進行對話：

朋友取笑你該怎麼辦？其他朋友這麼做的原因是什麼？有什麼辦法可以解決這個問題？你以前有過類似的情況嗎？你認為朋友當時的心情如何？有什麼方法可以安慰朋友呢？

透過這樣的提問方式，可以幫助孩子找到他們專屬的表達與應對方法。

附錄 用繪本傾聽孩子的心聲

繪本能更深入瞭解孩子的內心

繪本可以脫離日常生活的領域，聽見孩子更豐富的言語。一般或許覺得父母只能單純唸繪本給孩子聽，但其實這是一個好機會，可以聽到孩子以不同觀點說出許多意料之外的話語。為了理解孩子，為了培養孩子的思考能力，我想介紹幾個可以提出好問題的繪本。如果能夠根據孩子的喜好及發展情況，搭配適當主題的繪本，我們就能期待繪本發揮更好的效果。

＊下列繪本若在台灣出版過中文版，將記載中文版資訊。若無中譯本，將保留原文書名及相關資料以便查詢。

主題1 與焦慮不安的孩子溝通

《傻比傻利》▶安東尼．布朗，格林文化，2006

＊原文書名：Silly Billy

Q 比利有什麼煩惱呢？

Q 最近你最煩惱的事情是什麼呢？

Q 為了消除煩惱，你做過什麼事？

↓可以製作煩惱玩偶來說出自己的煩惱。

《生日派對》▼安東尼．布朗，遠流，2013

*原文書名：What If...?

Q 你想對說「如果⋯」的喬喬說些什麼呢？

如果你是喬喬，爸爸（媽媽）該怎麼跟你講才好呢？

Q 你是否曾像喬喬這樣，因為不知道會發生什麼事情而感到緊張或聯想到不好的事？

那時心情如何？

Q 身處在陌生環境或要做些自己不懂的事情時，是否擔心得不知該怎麼辦？

這時候爸爸（媽媽）該怎麼幫助你才好呢？

主題2 與好奇心旺盛的孩子溝通

《愛思考的青蛙》▼岩村和朗，上誼文化，2013

*原文書名：かんがえるカエルくん

Q 最近你最關心的事情是什麼？有好奇的事情嗎？

Q 最近你想什麼事情想得最多？

Q 你是否有想要被理解的心情，或者想被理解的事？

《The Boy Who Was Raised by Librarians》

▼Carla Morris / Brad Sneed，Peachtree Publishing Company，2019

＊尚無中譯本。書名暫譯：圖書館培養的孩子

Q 目前為止讀過的書中，你覺得哪本書最好看？

Q 繪本中的主角對「蛇」很好奇，你有沒有對某些事很感興趣呢？上網搜尋看看吧！

主題3 與追求樂趣的孩子溝通

《洗不停的媽媽》▼佐藤和貴子，維京國際，2014

＊原文書名：せんたくかあちゃん

Q 家裡有沒有你想洗掉的東西？你為什麼想要把它洗掉？

Q 聽說洗衣服時會很痛快，你有體驗過痛快的感覺嗎？

Q 什麼事情只要交給你，你就能做到？

《小毛，不可以！》▼大衛．夏儂，維京國際，2013

＊原文書名：No, David!

Q 爸爸（媽媽）什麼時候會一直說「不可以」？

Q 如果像小毛那樣做，別人會覺得怎麼樣呢？

《小毛上學去》▼大衛・夏儂，維京國際，2013

＊原文書名：David Goes to School

Q 學校（幼兒園／托兒所）為什麼會有規定？

Q 小毛不守規矩時會發生什麼？

Q 小毛做得好的部分是什麼？

《小毛惹麻煩》▼大衛・夏儂，維京國際，2013

＊原文書名：David Gets in Trouble

Q 你開過最好笑的玩笑或是覺得很好玩的時候，是在什麼時候、做了什麼事？

Q 你有什麼話想對小毛說？

Q 什麼時候會有「是我錯了」的想法？

《快長大吧！小毛》▼大衛・夏儂，維京國際，2019

＊原文書名：Grow up, David!

Q 什麼時候會想模仿哥哥姊姊？

Q 當你因哥哥姊姊被罵的時候，心情如何？

Q 你想要炫耀哥哥姊姊身上的哪一點？

主題4 與主導性很強的孩子溝通

《大吼大叫的企鵝媽媽》▼尤塔・鮑爾，親子天下，2023

＊原文書名：Schreimutter

Q 爸爸（媽媽）生氣的時候，你的心情如何？你生氣的時候感覺怎麼樣？

Q 爸爸（媽媽）在這種情形下會最生氣，你什麼時候會最生氣？

Q 生氣的時候怎麼表達才好呢？

Q 如果生氣了，該怎麼互相道歉、原諒才好呢？

《艾德華—世界上最恐怖的男孩》▼約翰・伯寧罕，阿布拉，2007

＊原文書名：Edwardo the horriblest boy in the world

Q 你對於大人向艾德華說的哪句話印象最深？為什麼那句話印象最深呢？

Q 你犯錯的時候，父母該怎麼跟你說才好呢？

↓即使孩子犯錯，有時候也可以跟他說他是最可愛的孩子。

《세상에서 제일 힘 센 수탉》▼이호백／이억배，재미마주，1998

＊尚無中譯本。書名暫譯：世界上力氣最大的公雞

Q 世界上力氣最大的公雞輸給其他公雞的時候，心情如何？

Q 別人贏過你的時候，你會有什麼感覺？該怎麼說出來呢？

Q 你贏別人的時候有什麼感覺？該怎麼告訴輸的人才好呢？

主題5 與重視親密感的孩子溝通

《チキンマスク》▼宇都木美帆，汐文社，2006

＊尚無中譯本。書名暫譯：小雞面具

Q 在眾多面具中，你最喜歡誰的？

Q 你曾羨慕過別人嗎？如果有的話，是羨慕他的哪一點？

Q 你擅長和喜歡的東西是什麼？

↓可以製作和畫出屬於自己的「○○面具」，再像綜藝節目《蒙面歌王》那樣，戴著面具唱歌、受訪等，進行多種遊戲。

《쥐와 게》▼김중철／김고은，웅진주니어，2009

＊尚無中譯本。書名暫譯：老鼠和螃蟹

Q 在你的朋友中有誰具有「老鼠」和「螃蟹」的特徵呢？

Q 老鼠和螃蟹各自喜歡不一樣的東西，牠們能成為朋友嗎？

Q 如果你對朋友很好，但朋友不理解你的心意和誠意，那麼你會怎麼做？

Q 如果想要跟和自己完全不同的朋友好好相處，該怎麼做呢？

《Historia de un erizo》➤Asun Balzola，Ediciones El Jinete Azul，2010

＊尚無中譯本。書名暫譯：刺蝟的故事

Q 其他動物為什麼不願意和刺蝟當朋友？

Q 想到刺蝟獨自一人時，你的心情如何呢？

Q 有了烏龜朋友後，刺蝟的心情變得如何？

Q 你覺得朋友是什麼樣的關係呢？

主題6 與重視感情的孩子溝通

《有點樣子》➤彼得．雷諾茲，道聲，2010

＊原文書名：ISH

Q 你是否曾經努力嘗試要做好什麼，卻不如意過？

Q 有沒有現在很想畫得好的畫？沒有完全一樣也沒關係喔！

Q 試著也把你的情緒和感受畫出來。

《彩虹魚》➤馬克斯．菲斯特，青林，2002

＊原文書名：RAINBOW FISH

Q 你喜歡且擅長的事情是什麼？其中有沒有想分享的？

Q 如果朋友要彩虹魚身上最後一片閃亮的魚鱗，彩虹魚該怎麼辦？
如果你是彩虹魚，你會分享嗎？

Q 你有像彩虹魚一樣把你的東西分享給朋友或借給朋友的經驗嗎？
當時朋友的反應怎麼樣？

繪本能深入探討艱深的主題

有一些主題很難和孩子直接說明，對於這樣的主題，透過繪本來溝通是個很好的方法。可以在和孩子一起閱讀繪本的過程中，窺探孩子的想法、情緒並進行對話，也可以跟書中主角對話，由孩子和父母輪流說出各自的反應。請和孩子一起閱讀以下推薦的繪本或其他適合的繪本，然後提出問題和建議，在此基礎上進一步與孩子擴大提問和對話。

主題1 幫助理解死亡

《當鴨子遇見死神》▶沃夫．艾卜赫，大穎文化，2012
＊原文書名：Ente, Tod und Tulpe

Q 鴨子去哪裡了？

Q 死亡是不好的嗎？

Q 每朵花都有不同意義的花語，紫色鬱金香的花語是永遠的愛，死神放了紫鬱金香。
那你要在爺爺（奶奶）的墓地放什麼花呢？

《Beginnings and endings with Lifetimes in Between》

▶Bryan Mellonie / Robert Ingpen，Picture Puffin，2005

＊尚無中譯本。書名暫譯：一切活著的

Q 你想活多久？

Q 你想和爸爸媽媽製造什麼樣的回憶？

↓可以這樣提到死亡：「爸爸媽媽想長長久久地在你身邊。在開始和結束之間，想和你一起製造更多美好的回憶」。

主題2 安撫害怕入睡的孩子

《好夢魔法書》▶安．居特曼／喬治．哈朗斯勒本，滿天星，2010

＊原文書名：Les Petites Bêtises de Pénélope

Q 繪本中你最滿意哪一個夢？

Q 你平時會做什麼夢？如果可以選擇，你想做什麼夢？

Q 最後一頁的話當中，哪句話最打動你？

↓父母瞭解打動孩子的話之後，孩子閉上眼睛睡覺時，可以做出撒金粉的手勢趕走可怕的夢，並說出孩子想聽的話來結束。

《Les Cauchemars de Léonard》

▶Marie-Josee Bergeron / Marion Arbona，Dominique et compagnie，2010

*尚無中譯本。書名暫譯：萊昂納多的惡夢

Q 你在夢裡想成為怎麼樣的人？

Q 想一想夢中故事的結局，如果成為英雄會怎麼樣？成為運動員會怎麼樣？

主題3 為了難以接受弟弟妹妹的孩子

《我那討人厭的弟弟》▶李朱蕙，大穎文，2018

*原文書名：얄미운 내동생

Q 弟弟（妹妹）的何種行為會讓你不開心？

Q 如果弟弟（妹妹）是動物，他的哪個樣子會讓你想到什麼動物？

Q 什麼時候覺得弟弟（妹妹）很可愛，很感謝有弟弟（妹妹）？

《내 동생 싸게 팔아요》▸임정자 / 김영수，미래엔아이세움，2006

＊尚無中譯本。書名暫譯：我弟弟賣得很便宜

Q 你有想要賣掉弟弟（妹妹）的時候嗎？

Q 捨不得賣掉弟弟（妹妹）的原因是什麼呢？

Q 弟弟（妹妹）經常搗亂，讓你很頭痛吧？弟弟（妹妹）為什麼會這樣呢？

Q 什麼時候會喜歡弟弟（妹妹）呢？

Q 繪本中的老大一定很難受，但我也很想知道弟弟（妹妹）的心情。一起來想想看吧！

主題4 分享各種情緒

《The Secret Remedy Book : A Story of Comfort and Love》

▸Cates, Karin / Halperin, Wendy Anderson，2003

＊尚無中譯本。書名暫譯：治療悲傷的祕密書

Q 書中有什麼治療悲傷的處方？

Q 悲傷的時候該怎麼辦？你有自己的治療悲傷的處方嗎？

Q 你感到悲傷通常是因為什麼事情呢？

《화》▼채인선／황유리，한권의책，2015

＊尚無中譯本。書名暫譯：怒

Q 你上次生氣是什麼時候發生的？

Q 生氣的時候你會怎麼做？

Q 生氣的時候該怎麼辦才好？

〈後記〉

爸媽們，不要再寫悔過書了！

「媽媽都不瞭解我的心情……」

當時我因為有事外出，急著要送小孩去托兒所，我家老二突然說了這麼一句話。

「嗯？你說媽媽不瞭解你的心情嗎？你願不願意告訴媽媽你現在的心情呢？」

那是我們即將出門的前夕，孩子的這句話聽起來有點不合理。

「因為媽媽覺得其他事情比我更重要啊！」

看到媽媽趕著送他去托兒所，孩子認為在媽媽心中其他事情比自己更重要。

「謝謝你坦誠地告訴媽媽你的心情。如果之後你也產生這樣的感受，覺得媽媽不懂你的心情，請一定要像今天這樣告訴我喔！在媽媽心中，你比任何事情都還要重要和寶貴。媽媽等待你來到我身邊，已經等了足足五年，你是超級寶貴的人喔！」

我說出這些話之後，孩子便主動向我伸出手，滿臉笑容地前往托兒所。

在養育我家老大和老二的過程中，我每時每刻都體驗到，每個孩子學習說話的方式、喜歡的書籍和遊戲、表達喜歡和不喜歡的方式、希望得到的讚美以及表達愛的方式都各不相同。每個孩子的個性如此不同，教養的方式又怎麼能統一呢？或許某個方法適用於這個孩子，卻可能完全不適用於另一個孩子。

每一個孩子都有與生俱來的個性特質、氣質以及發展進度，父母的教養態度和父母的角色需要隨之改變，因此我們應該對自己的孩子充滿好奇心，觀察並掌握孩子的個性特質。根據我多年來與各類型孩子和家長相處的經驗，從孩子口中說出的話是可以瞭解孩子特質和內心想法的首要線索。

我在養育兩個孩子的過程中，總動員了自己擁有的所有經驗、知識和智慧，並發揮想像力和應用能力，找到適合我和孩子的解決方案。世界上還有比起育兒更具創意和創新的事情嗎？這不像一般客觀的問題那樣有明確的答案，反而更像詳答題題型，只有提示正確答案的方向和範疇。每個家庭的環境和情況都不盡相同，父母和孩子都是獨特的，所以育兒是最具創新性的工作。只有仔細聆聽家裡孩子所說的話，透過不斷提問、反問，才能夠用最有創意的方式來養育孩子。

然而，在這過程中，不斷地鼓勵和支持自己是非常重要的。我看過不少參加完父母教育課程或者剛做完家長諮詢的父母，在回家的路上寫下了對孩子滿懷歉意的反省文。在溝通專案中，我曾經給家長們一個任務，要他們與孩子對話來瞭解孩子何時感受到父母的愛。

「我的動作像烏龜一樣慢的時候，媽媽願意等我，這讓我心情很好。我想做得更好，卻不太順利。」

一位母親分享道，她聽到孩子講的話之後開始反省，但與其聽到孩子的話之後產生反省之心，不如試著對孩子的坦白表達感謝吧！孩子之所以能夠坦誠地表達自己的情感，代表他們很信賴父母。瞭解孩子全部的內心感受，對父母來說並不容易，與其感到抱歉，不如對孩子表達感謝之情，也要多多自我鼓勵。

「這世界上沒有問題兒童，只有問題父母。」希望這樣的說法不再出現於教養和育兒書籍中。孩子做出了有問題的行為，並不代表你就是有問題的父母。在十八年當中，我在現場與許多孩子和父母相遇，體悟到一個真相：每個父母都竭盡所能地為孩子做到最好。當然，有時候會看到一些缺乏育兒技巧，以不正確的方式來對待孩子的父母。然而，大多數情況下，父母之所以不知道如何對待孩子，是因為他們本身在年幼時期也沒有從自己的父母身上獲得良好的養育體驗。

即使父母本身沒能從原生家庭中獲得愛和安全感，仍然有許多父母為了好好守護孩子，而努力在各方面、嘗試各種方法來照顧孩子，這些父母都是創新的育兒革命家。即使在年幼時沒有從父母那裡獲得良好的教養體驗，我們仍然可以透過自己的孩子來獲得美好的育兒經驗。我們可以從孩子身上學習到很多，而學習的起點在於「聆聽孩子口中說出來的話」。

「孩子是父母最珍貴的禮物。」這句話之所以存在，是因為在育兒的過程中，父母和孩子都會經歷成長。如果父母一直沉浸在反省過去和現在的情緒中，我們將難以朝未來邁出一步。

無須將自己的孩子與其他孩子做比較，也不需要將自己與其他父母做比較，只需關注自己和自己的孩子在昨日和今日的成長。當父母接受孩子本來的面貌，並給予支持和鼓勵時，他們就能夠健康地成長。此外，期望各位也能夠支持真實的自我，讚揚自己至今所做的努力，對自己竭盡全力的模樣喝采，並持續擴展已經做得很好的部分。由衷希望閱讀本書的父母們，不要寫反省文了，而是能夠與孩子建立起更良好的親子關係。

參考文獻

＊下列書單中，若台灣出版過中譯版本，將以中文版翻譯名稱為主。尚未有中譯本的英文書籍則以英文名稱呈現。韓國書籍則翻譯成中文，作為參考。

PART 01. 孩子為什麼說出不安的言語？

- KATHARINE M. BANHAM BRIDGES,〈Emotional Development in Early Infancy〉,《Child Develpment》, Dec. 1932
- Maria Nagy,〈The child's theories concerning death.〉,《The Pedagogical Seminary and Journal of Genetic Psychology》, 1948
- （韓）金允珠，《在學校實踐的解決導向模型》，2008年

PART 02. 孩子為什麼說出探索性的言語？

- 格奧爾格．齊美爾，〈論羞恥的心理學〉，《齊美爾的現代性閱讀》，new wave出版社，2005年
- （韓）李光亨，《誰在我的腦海中種植了創造力？》，Munhakdongne出版社，2015年

PART 03. 孩子為什麼說出趣味性的言語？

- （韓）廉有植，《韓國兒童青少年幸福指數調查》，2019年：小學生，延世大學社會發展研究所；韓國方定煥基金會
- （韓）健康保險審查評價院，《近五年（2017～2021年）憂鬱症和焦慮症的治療情況分析》，2019年
- （韓）救助兒童會（Save the Children），首爾大學社會福利研究所，〈國際兒童生活品質調查〉，2019年

- Fogle Livy M.; Mendez Julia L.,〈Parent Play Beliefs Scale〉,《Early Childhood Research Quarterly》, Q4 2006
- Salim Hashmi, Ross E. Vanderwert, Amy L. Paine, Sarah A. Gerson,〈Doll play prompts social thinking and social talking: Representations of internal state language in the brain〉, 2021.7.21

PART 04. 孩子為什麼說出主導性的言語？

- Alexander C. Jensen, Susan M. McHale,〈Mothers', fathers', and siblings' perceptions of parents' differential treatment of siblings: Links with family relationship qualities〉, 2017.9.1

PART 05. 孩子為什麼說出愛的言語？

- 埃里希．佛洛姆，《愛的藝術（The Art of Loving）》
- Joy E Lawn, Judith Mwansa-Kambafwile, Bernardo L Horta, Fernando C Barros, Simon Cousens,〈'Kangaroo mother care' to prevent neonatal deaths due to preterm birth complications〉, 2010

PART 06. 孩子為什麼說出情緒化的言語？

- 唐納德．蘇爾，凱薩琳．艾森豪特，《簡單準則（Simple Rules）》
- 米哈里．契克森米哈伊，《心流（Flow）》
- 貝蒂．愛德華，《像藝術家一樣思考（Drawing on the Right Side of the Brain）》

幫助特別多的書籍

- Wagele, Elizabeth，《The Enneagram of Parenting: The 9 Types of Children and How to Raise Them Successfully》
- Jerome Peter Wagner，《Nine Lenses on the World: the Enneagram Perspective》
- 徐千錫，《與孩子一起成長的父母》，Changbi出版社，2013年

台灣廣廈國際出版集團
Taiwan Mansion International Group

國家圖書館出版品預行編目（CIP）資料

孩子為什麼這樣說？：解密孩子話語背後的情緒及需求，以真誠對話和行為引導，化解他的對抗與不安、建立自信與快樂！ / 千英姬著. -- 初版. -- 新北市：臺灣廣廈有聲圖書有限公司, 2024.01
面；　公分
ISBN 978-986-130-608-7(平裝)
1.CST: 親職教育 2.CST: 親子溝通 3.CST: 兒童心理學

528.2　　112019854

台灣廣廈

孩子為什麼這樣說？

解密孩子話語背後的情緒及需求，以真誠對話和行為引導，化解他的對抗與不安、建立自信與快樂！

作　　者／千英姬
譯　　者／余映萱
編輯中心編輯長／張秀環・**編輯**／許秀妃
封面設計／曾詩涵・**內頁排版**／菩薩蠻數位文化有限公司
製版・印刷・裝訂／東豪・弼聖・秉成

行企研發中心總監／陳冠蒨
媒體公關組／陳柔彣
綜合業務組／何欣穎
線上學習中心總監／陳冠蒨
數位營運組／顏佑婷
企製開發組／江季珊、張哲剛

發 行 人／江媛珍
法律顧問／第一國際法律事務所 余淑杏律師・北辰著作權事務所 蕭雄淋律師
出　　版／台灣廣廈
發　　行／台灣廣廈有聲圖書有限公司
地址：新北市235中和區中山路二段359巷7號2樓
電話：（886）2-2225-5777・傳真：（886）2-2225-8052

代理印務・全球總經銷／知遠文化事業有限公司
地址：新北市222深坑區北深路三段155巷25號5樓
電話：（886）2-2664-8800・傳真：（886）2-2664-8801
郵政劃撥／劃撥帳號：18836722
劃撥戶名：知遠文化事業有限公司（※單次購書金額未達1000元，請另付70元郵資。）

■出版日期：2024年01月
ISBN：978-986-130-608-7